# アメリカ式
# 銃撃テロ対策ハンドブック
―アメリカ政府指針・マニュアル集―

## 小川和久・西恭之 訳

追補

近代消防社

本書が冒頭から強調した基本動作**「逃げる・隠れる・戦う」**が、銃撃テロに巻き込まれた市民の生死を分けることを、改めて浮き彫りにする事件が今年も米国で続いているが、2022年7月8日には日本の古都・奈良で安倍晋三元首相が至近距離から自作銃で撃たれ、死亡した。この追補では、要人警護に「逃げる・隠れる・戦う」を応用することの重要性、自作銃、そして同年5月24日にテキサス州ユバルディ市で発生したロブ小学校銃乱射事件について解説する。

### 要人警護は「逃がす・隠す・戦う」

　安倍元首相銃撃事件の警備に関する国内の報道は、犯人が警護員に気づかれずに安倍氏の7メートル背後へ接近し、1発目を発砲後、さらに2メートル前進して発砲するまで2.7秒の間、阻止されなかったことを大きく取り上げている。

　その一方で、米国のメディアは、警護員が安倍氏から離れていたため、安倍氏のそばへ駆け寄るまで最初の発砲から7秒以上かかり、安倍氏の盾になることも避難させることもできなかったことを、事件当日から指摘している。

　例えば、週刊誌『ワシントン・イグザミナー』のトム・ローガン記者の7月8日付記事によると、米シークレットサービスはレーガン元大統領が1992年にラスベガスで講演中、抗議者に物を投げられて詰め寄られた際、両者を引き離すまで4秒かかったことを重大な失敗と受け止め、対象者のそばに常に複数の警護員をつけて、舞台上の対象者に近づく経路を制限するように警護の手順を改正した。シークレットサービス警護官は、対象者がプロ野球の始球式を行うときは球審に変装したり、名誉学位を授かるときは大学教授に変装したりして、できるだけ近くにいるという。

　警護員が対象者のそばにいて、攻撃が迫れば対象者の盾になり、引きずったり抱えたりしてでも避難させるのは、「逃げる・隠れる・戦う」の優先順位と表裏一体の、**「逃がす・隠す・戦う」**動作といえる。1981年のレーガン大統領暗殺未遂事件では、銃声を聞いた警護官は、装甲板や防弾ガラスを装備した大統領専用車にレーガン氏を直ちに押し込み、発車させた。暗殺者は、すでに発砲した犯人以外にもいるおそれがあるからだ。

　対照的に、安倍元首相銃撃事件では、警護員8人のうち6人が犯人を制圧に向かい、残り2人が犯人と安倍氏の間に入って折り畳

み式の防弾盾を広げた。その間、安倍氏を逃がそうとする者はおらず、別の方向からありうる攻撃から安倍氏を隠す者もいなかった。また、安倍氏がなんらかの襲撃を受けた場合に押し込んで逃がすことのできる自動車も待機していなかった。

### 自作銃

安倍元首相銃撃事件の凶器は、自作銃の中でも簡易な設計の手製銃（ジップガン）である。犯人が自作したため、3Dプリント銃や既製品同様の幽霊銃（ゴーストガン）と関連付ける報道もあるが、自作銃は製造方法によって性能が大きく異なる。

ジップガンの特徴は、暴発の危険が高く、発射可能な回数が少なく、有効射程が短いことである。弾薬も手作りする場合、暴発の危険がとくに高い。静電気や衝撃・摩擦に敏感な火薬を、薬莢に密封しないで爆発させることになるからだ。

既製品の実包は、発射薬を薬莢に充填し、弾丸を薬莢の頭部に装着し、最初に発火する雷管を底部に装着している。一般的なセンターファイア型の雷管は、衝撃に敏感な起爆薬が数ミリグラム詰められ、薬莢の底部中心位置に挿入される。銃のピンが雷管を叩くことで起爆薬が爆発し、発射薬も爆発して弾丸が発射される。散弾実包**(本書208ページ)** は、薬莢の頭部に散弾を封入したワッズというケースが装着され、発射後すぐに空気抵抗によって開く。リムファイア型の雷管は、薬莢の底部のリム（縁）に発火薬が仕込まれ、リムを叩くことで発火する。どの種類の雷管を用いる実包も、既製品であれば火薬は薬莢に密封されており、雷管を叩かない限り爆発するおそれは低い。

弾薬を手作りするため、手持ち花火の火薬を用いても、火薬の原料としては比較的容易に手に入る硝酸カリウム・硫黄・木炭を用いても、黒色火薬しか得られない。黒色火薬は静電気や衝撃・摩擦に

敏感で暴発しやすいので、銃砲用の火薬としては19世紀以後、無煙火薬に取って代わられている。

安倍元首相銃撃事件の手製散弾銃は、薬莢を用いないで、ワッズの後ろに黒色火薬を込めて、バッテリーからの電流により点火している。銃身内で動く部品はない。ワッズには散弾が6粒入っており、「カプセル」と表記する報道が多い。長さ約40センチの板の上に金属製パイプの銃身を2本並べて、下側のバッテリーとともにビニールテープで巻いており、引き金も2本ある。

手製銃を発射可能な回数（命数）が少ない理由は、銃身の後ろを閉鎖した部分や薬莢を排出する部分が、発射を数千回繰り返しても耐えるように設計されていないからだ。1か所の人物を暗殺することが目的なら、弾薬の装填は試射の前後に1回ずつできればよいので、銃の設計は使い捨てに近くてもよい。

また、目標に弾が命中する有効射程は、同じ銃身長と口径の既製の小銃や拳銃より、手製銃のほうが短い。散弾銃を除いて、既製の銃はライフリング（施条＝銃身内の螺旋状の溝）によって弾丸に旋回運動を与え、ジャイロ効果によって直進性を高めているのに対し、手製銃はふつう、ライフリングを施していない金属製パイプなどを銃身として用いているからだ。

なお、1990年代のロシア・チェチェン共和国や2000年以後のパレスチナでは短機関銃も手作りされており、これらは安倍元首相銃撃事件の凶器よりも殺傷能力が大きい。

チェチェン独立派の「ボルズ」（狼）は、ロシア政府側の警察官・兵士を市街地で待ち伏せ攻撃し、相手の武器を奪う目的で製造された。引き金機構はデンマークのマドセン短機関銃、ボルト（遊底）は旧ソ連のPPSに似ており、単発と全自動発射を切り替えることができる。9×18mmマカロフ弾を発射し、有効射程は50-70メートルである。銃身命数は弾倉3本分（90発）ほどで、その間

に命中率が下がる。

　パレスチナのヨルダン川西岸地区では短機関銃「カルロ」が密造されている。当初はアラブ人どうしの犯罪の凶器として使われ、2016-17年にはイスラエル民間人・警察官・兵士に対する襲撃に用いられた。カルロの原型であるスウェーデンの短機関銃カールグスタフm/45にはライフリングが入っており、9×19mmパラベラム弾を有効射程200メートル以上へ発射し、引き金をすぐ離せば単発射撃もできる。カルロはさまざまな実包に合わせて製造され、2016年当時、ライフリングのないものは800ドル以下、小銃の銃身を流用したものは4,000ドル弱で売買されていた。カルロには単発射撃の機能がなく、引き金を引くと弾倉の全弾を発射する。

【パレスチナの手製短機関銃「カルロ」の例】

　2020年以後の米国で銃犯罪が増えている背景には、新型コロナウイルス感染症流行下の経済状況悪化による強盗の増加や、人種差別抗議デモの一部の暴徒化を受けて、初めて銃を購入する人が増え、適切に保管されていない銃が盗まれて犯罪に使用されたこと、そして既製品同様の銃を密造する能力が普及したことがある。

　幽霊銃（ゴーストガン）は既製品の設計に基づいて、ネット通販などで購入した部品から作られる。再使用可能だが製造番号がなく、警察が追跡できないので、幽霊銃と呼ばれる。全米の警察は2021

年に1万9,344丁の幽霊銃を押収しており、これは5年前の11倍にのぼる。

銃規制の厳しい東海岸と西海岸の州は、凶器の摘発数に占める幽霊銃の割合が高い傾向がある。カリフォルニア州の三大都市圏（ロサンゼルス、サンフランシスコ＝オークランド、サンディエゴ）では、2020年半ばから2021年末にかけて犯罪現場で押収された銃の25-50%が幽霊銃だった。ニューヨーク市警察は2018年に初めて幽霊銃を押収し、2022年初から5月11日までには153丁押収しており、18年同期（37丁）の4倍を超えた。

米国製幽霊銃の多くは、途中まで加工されて市販されている部品から作られる。銃の部品のうち、米国法上の「銃」として製造番号の刻印や購入者の身元確認が義務付けられているのは、撃鉄・薬室・ボルトなど作動部を収納するレシーバー（機関部）である。作動部と接続するための穴やくぼみが切削されていない、未完成のレシーバー（80%レシーバー）は、購入者の身元確認が義務付けられていないので、重犯罪歴などのため銃の所持を禁止されている者も購入することができる。また、未完成品をレシーバーとして完成させるための工具や説明書・動画は簡単に手に入る。それにもかかわらず、未完成レシーバーには製造番号の刻印が義務付けられていなかったので、警察が追跡できない幽霊銃が増えている。

ニューヨーク市警察が押収した幽霊銃の90%は、「ポリマー80」という専門メーカーの未完成レシーバーから製造されている。同社は2013年にネバダ州デイトンで創業された。AR-15半自動小銃、AR-10自動小銃（AR-15とM-16小銃の原型）、グロック拳銃の未完成レシーバーを通信販売している。

コルトAR-15の類似品は、現代の米国の十大銃乱射事件のうち5件（2012年サンディフック小学校、2017年ラスベガス、2017年サザランド・スプリングス教会、2018年マージョリー・ストーン

マン・ダグラス高校、2022年ロブ小学校）で使用され、悪名を轟かせている。その一方で、銃メーカー団体の全米射撃スポーツ財団（NSSF）の推定によると、米国人は約1,980万丁のAR-15類似品を私有している。

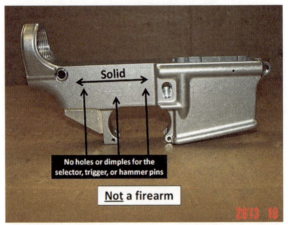

【米国法上の銃ではない未完成レシーバーの例。セレクター、引き金、撃針と接続するための穴やくぼみが切削されていない。セレクターは、引き金を1回引くと発射される弾数を切り換えるスイッチ。左上の大きなねじ穴には銃床の芯棒を固定する。（アルコール・タバコ・火器及び爆発物取締局＝ATF）】

【上の未完成レシーバーは、撃鉄や引き金を収納する穴がまったく切削されていない。下のレシーバーは、その穴が部分的に切削されているので完成品（銃）とみなされる。(ATF)】

　ポリマー80のレシーバーを完成させることは、一般的なボール盤でも可能だが、テキサス州オースティンのゴーストガンナー社は、この目的に適したデスクトップCNCミル（コンピュータ数値制御工作機械）を2014年から販売している。最新型のゴーストガンナー3は、アルミニウムの直方体（0%レシーバー）を、AR-15の下部レシーバーとして完成まで加工することができる。

ゴーストガンナーの創業者が2012年に創立した非営利団体「ディフェンス・ディストリビューテッド」は、3DプリンタやCNCミルによる銃の自作を支援する目的で、AR-15など銃の設計データをオンライン無料公開している。

　ディフェンス・ディストリビューテッドは2013年、世界初の3Dプリント銃であるリベレーター拳銃を製作した。撃針以外の部品の材料は、通常の3Dプリンタ用プラスチックインクである。中型自動拳銃用の.380ACP弾を1発装填することができる。ライフリングがないため有効射程はごく短く、プラスチックインクの質によっては暴発の危険もあるので、ジップガンに近い。米政府は武器輸出規制法違反を理由に、ディフェンス・ディストリビューテッドのウェブサイトDEFCADからリベレーターのデータの削除を求めるなど、同団体に法的措置を連発した。

【世界で初めて設計データが公開された3Dプリント銃「リベレーター」】

　その結果、3Dプリント銃愛好家は米国内外の多数のグループや企業に分散している。米ソリッド・コンセプツ社は2013年、工業用3Dプリンタと金属粉末を用いてM1911自動拳銃を製造し、翌2014年までに5,000回発射した。日本では川崎市在住の大学職員

が、米国で公開された設計データをもとに3Dプリンタとプラスチックインクで拳銃を製作し、試射映像を公開したので、2014年に銃刀法違反（所持）と武器等製造法違反（無許可製造）の疑いで逮捕された。

　3Dプリント銃の設計データは多数が公開されているものの、安価な3Dプリンタとプラスチックインクを用いて製造された銃は、暴発の危険、有効射程、銃身命数が劣るものも多い。そのため、3Dプリント銃の使用事件は珍しい。2019年のドイツ・ハレのシナゴーグ（ユダヤ教会堂）銃撃犯は、「自作武器の実用性を実証すること」が第一の目的だとの犯行声明を事前に公開し、散弾銃や短機関銃などプラスチック製の3Dプリント銃6丁と自作の爆薬を携帯した。しかし、シナゴーグのドアを破ることができず、通行人および近所のトルコ・ファストフード店の客の合計2人を射殺した。通行人を助けようとした人も撃とうとしたが、銃が不発となった隙に逃げられた。

　米国における銃の製造は許可制ではない。製造に免許が必要な銃は、マシンガン（引き金を1回引くと弾薬を自動装填して連射する銃）、銃身の短い小銃・散弾銃、50口径を超える銃、他の物品に偽装した銃に限られる。ただし、金属探知機で探知できない銃の製造は、「発見不可能な銃器に関する法律」によって禁止されている。それゆえ、リベレーターなどプラスチック製の銃は、金属板を内蔵しなければ合法的に製造・所持できない。この法律は1988年に制定され、最近では2013年12月に10年間延長されている。

　シンガポールおよび豪州のニューサウスウェールズ州は、銃の製造を許可制とするだけでなく、3DプリンタまたはCNC工作機械で使用可能な銃の設計データの所持を禁止している。その最高刑は、ニューサウスウェールズ州では拘禁14年に達する。その一方で、シンガポールや豪州を含め、銃規制を理由に3Dプリンタの性能や

使用者を規制する国・地域はまだない。

　米政府は2022年8月24日から、幽霊銃を主な対象とする新規制を施行している。以下の新規制は4月11日にバイデン大統領とリサ・モナコ司法副長官が発表し、4月26日連邦官報に掲載された。
1）　容易に銃を製造するため必要な部品を含むキットを販売する小売業者は、連邦銃器免許を取得し、購入者の身元を確認しなければならない。
2）　レシーバー（拳銃の場合は「フレーム」）が分割されている銃も流通している実態に合わせて、製造番号の刻印が義務付けられる「フレームまたはレシーバー」の定義を更新する。
3）　連邦銃器免許をもつ小売業者・製造者が、製造番号のない銃を取得したときは、追跡用の番号を刻印しなければならない。
4）　連邦銃器免許をもつ小売業者・製造者が取引の記録を保管すべき期間を、これまでの2020年から免許失効まで延長する。

　ニューヨーク州の幽霊銃規制はさらに厳しい。未完成レシーバーを幅広く定義したうえで2022年4月26日から所持を禁止する州法が、2021年10月28日公布された。これにより、ポリマー80など未完成レシーバーの通販業者が、ニューヨーク州内からの注文に応じることは禁止された。銃の所持を禁止されている者が銃の「主要部品」を所持することも、この州法で禁止された。主要部品は銃身、スライド（自動拳銃の初弾を装填するために引く銃身の上の部分）、回転弾倉、フレーム、レシーバーを含む。

　日本の銃砲刀剣類所持取締法は、拳銃についてはニューヨーク州法と同じ主要部品の所持を規制している（「機関部体」はフレームとレシーバーに該当する）。武器等製造法施行令は、製造、販売その他の取扱を規制する銃砲の部品として、銃身、拳銃の機関部体、拳銃の回転弾倉、銃架（脚のみのものを除く）、砲身、砲架を掲げ

ている。これらの法令の拳銃に言及した箇所を「銃」、機関部体を「機関部体(一部加工されたものを含む。)」と改正すれば、未完成レシーバーの製造・販売・所持がニューヨーク州のように規制されることになる。このような法令改正は、設計データの所持の禁止と異なり、憲法上の疑義を生じない。

### ロブ小学校銃乱射事件

2022年5月24日、米国テキサス州ユバルディ市のロブ小学校で18歳の男がAR-15類似品の半自動小銃を乱射し、児童19人と教師2人を殺害後、警察に射殺された。児童14人、教師2人、警察官2人が負傷した。犯人はロブ小学校へ向かう直前、同居中の祖母を撃って負傷させていた。この事件は、本書刊行後に米国で起きた銃乱射事件の中では2番目に犠牲者が多い(2019年8月3日の同州エルパソにおける反移民テロでは23人が犠牲となった)。

【ロブ小学校銃乱射事件の犯人が所持していたAR-15類似品の半自動小銃。下の銃が凶器。(テキサス州下院中間報告書、以下の図版も同じ)】

ロブ小学校では、警察が現場の教室の外に到着してから73分間突入しなかった。当然ながら、そこに批判が集中している。しかし、児童・教師が「逃げる・隠れる」ことができなかったことも、犠牲を拡大したおそれが強い。

　ここで学校側の失敗を指摘するのは、襲撃された教師を批判するためではない。どの組織であれ、「逃げる・隠れる」が可能なのか点検し、実践的な訓練に基づいて行動すれば、銃や刃物による襲撃から命を守れる可能性が高まるからだ。

　意外なことに、米国の学校の訓練は「逃げる」を軽視して「隠れる」から始まる場合が少なくない。1999年のコロンバイン高校銃乱射事件では、犯人2人の自殺後まで警察が現場の校舎に進入しなかったことが批判され、米国各地の警察の戦術が変わったが、現場に居合わせた人はまず逃げるべきだという教訓は広まらなかった。

　コロンバインの模倣犯が2012年に起こしたサンディフック小学校銃乱射事件では、教室に犯人が侵入してから児童9人が逃げたものの、児童の盾となったビクトリア・リー・ソト教諭は死亡した。ソト教諭は犯人が侵入する前に教室のドアに鍵をかけようとしたが、先に児童を教室の奥へ誘導していたので、時間切れとなった。この教室では児童5人とソト氏ら教師2人が即死し、児童1人が救急搬送中に死亡した。児童用の机では、身を隠すことも小銃弾を防ぐこともできなかった。

　ロブ小学校銃乱射事件は次の表のとおり展開し、犠牲者は全員、111号教室と112号教室で撃たれた。犯人は8年前に4年生として過ごした111号教室で、米国境警備隊戦術部隊（BORTAC）に射殺された。次の見取図のように、この2部屋の内部は、112号教室に向かって開くドアでつながっている。

　犯人が簡単に侵入できたのは、校舎にも111号教室にも鍵がかかっていなかったからだ。規則によれば、校舎も教室も常時施錠さ

れているはずだった。しかし、校舎の入口3か所は外からしか鍵をかけられない仕様で、事件当日の西側入口には、ドアストッパーとして石が置かれていた。犯人が近づいてロックダウン（入退館禁止・室内退避）の警報が出ると、教師が石を撤去して内側からドアを閉めたが、無施錠だった。111号教室の戸口は、鍵がかかりにくいことが2022年3月以前にわかっていたが、学校当局は修理を発注していなかった。他の教室も、鍵をかけないことが常態化していた。

　テキサス州下院ロブ小学校銃乱射事件調査委員会の中間報告書（7月17日）は、ユバルディ学区が銃乱射事件対応計画を策定していたことを評価している。しかし、この計画は、校舎の入口は1か所だけを使用して常時施錠すること、授業中の教室は施錠すること、教室のドアと窓を点検すること、鍵の修理を発注する手順を教職員全員に知らせることを求めている。ロブ小学校では、校舎と教室に常時施錠することが教育に不便なため、施錠を避けることが常態化していた。したがって、ユバルディ学区の銃乱射事件対応計画は実効性が低く、形式に流れていたことになる。

　ロックダウンの警報を受けて、112号教室の教師は鍵をかけた。この時点で111号教室と112号教室の人命を守るため可能だった行動は、鍵のかからない111号教室の全員を112号教室へ逃がし、この2部屋の間のドアを閉めて、できるだけ重い家具でふさぎ、**本書16-18ページ**のように隠れることだった。それでも壁越しの銃撃による犠牲は避けられないが、犯人に姿を見られて撃たれるよりは多くの命が助かっただろう。

　ロブ小学校銃乱射事件への警察の対応には、大きな過ちが二つあった。もっとも重大な過ちは、事態が銃乱射事件から、犯人と同じ部屋に生存者がいない立てこもり事件に移行したと、ユバルディ学区警察署長が根拠なく決めつけたことである。

## ロブ小学校銃乱射事件の経過
（丸数字は周辺図・見取図を参照）

① 11:28　犯人は祖母から盗んだピックアップトラックの運転を誤って溝に突っ込み、乗り捨てた。斎場から出て来た男性2人を撃ったが外れ、2人は逃げた。

② 11:31　犯人は柵を登って学校敷地に侵入し、校舎に発砲。教師が西側入口を閉めたが無施錠だった。ユバルディ市警察官が到着。

③ 11:33　犯人は西側入口から校舎に侵入。

④ 11:33　犯人は廊下から111号・112号教室を銃撃した後、この2部屋に入り、2分半で100発以上射撃。

⑤ 1発は壁を貫通し、109号教室の教師を負傷させた。

⑥ 11:35　小銃2丁を携えた市警察官6人、学区警察官1人が西側入口から入った。

⑦ 11:36　ユバルディ学区警察の署長ら2人、ユバルディ市警察官2人が南側入口から入った。

⑧ 11:37　111号・112号教室の戸口を覗いた警察官が銃撃され、建材の破片により2人が軽傷を負った。

　11:40　学区警察署長が市警察に増援を要求。

　11:52　1枚目の防弾盾が届いた。

⑨ 12:03　廊下には警察官19人がいた。

⑩ 12:03-12:36　112号教室の児童が911番通報。

⑪ 12:15　BORTACが防弾盾を携えて到着。

⑫ 12:19　111号教室の児童が911番通報。

⑬ 12:43-12:46　112号教室の別の児童が2回911番通報して、警察を直ちに送り込むよう訴えた。

⑭ 12:50　BORTACが111号教室に突入、犯人を殺害。

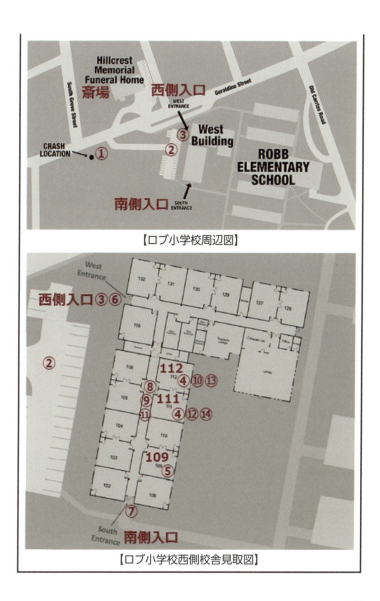

【ロブ小学校周辺図】

【ロブ小学校西側校舎見取図】

銃乱射事件と立てこもり事件は、警察の対応の原則がまったく異なる。銃乱射事件対応の原則によれば、警察官は一人ででも犯人に立ち向かって殺戮を止め、無辜のシビリアン（米警察用語では警察官・消防吏員・軍人以外の人）の命を最優先で守らなければならない。犯人を隔離または無力化して殺戮を止めたら、警察官は救急隊員を待たずに重傷者を救命し、搬出する。

　テキサス州法執行委員会の教官用教材「学校で活動する法執行組織の銃乱射事件対処」は、この原則の帰結として、「自分の安全よりも無辜の命を優先することができない初動要員は、異業種への転職を考えるべきだ」と指摘している（Active Shooter Response for School-Based Law Enforcement, course no. 2195, 2020 年 1 月）。

　立てこもり事件だと思い込んだユバルディ学区警察署長は、防弾盾や小銃を携えた応援部隊が続々と到着しても 111 号教室への突入を指示せず、施錠の確認すらしなかった。結局、米国境警備隊戦術部隊（BORTAC）が独断で突入し、犯人の射撃に反撃して殺害した。

　第二の過ちは、指揮の欠如である。米国の災害・事件現場に出動した初動要員は、緊急時総合調整システム（ICS）を設置し、誰かが現場指揮官となるはずなのに、ロブ小学校では誰もそうしなかった。ユバルディ学区の銃乱射事件対応計画によれば、学区警察署長が指揮を執ることを宣言し、校舎の外に現場指揮所を設置して受援と指揮統制に当たることになっていたが、学区警察署長本人は自分の役割を認識していなかった。

　最終的にはユバルディ学区警察 5 人、ユバルディ市警察 25 人、テキサス州公安局 91 人、米国境警備隊 149 人など 23 組織の 376 人が出動したが、烏合の衆となっていた。ユバルディ市警察署長は休暇先から部下の警部補に電話し、現場指揮所を設置するよう指示

したが、警部補は実行できなかった。テキサス州公安局特別捜査官の中には、事件が立てこもりではなく、銃乱射事件が続いていると気づいた者もいたが、意見を具申する相手の現場指揮官がいなかったので、対応を変えることができなかった。

\*

　日本の国民が**「逃げる・隠れる・戦う」**基本動作を身につけ、警察が**「逃がす・隠す・戦う」**要人警護を行いつつ、無差別殺傷事件には「殺戮を止める、重傷者を救命する、重傷者を搬出する」訓練で備えることによって、ともに暴力を抑止し、民主主義の基盤である安全を回復し維持することを願う。

　2022年8月
　　西恭之（静岡県立大学グローバル地域センター特任准教授）

アメリカ式
**銃撃テロ対策ハンドブック**
―アメリカ政府指針・マニュアル集―

小川和久・西恭之 訳

(写真出典／米国国土安全保障省)

近代消防社

アメリカ式
# 銃撃テロ対策ハンドブック
―アメリカ政府指針・マニュアル集―

# 目次

はじめに **7**

資料の再構成について **10**

## 第1部　総合対策 ──────── 11

### 資料1　銃乱射対策携帯用カード ……………………… 12
### 資料2　『銃乱射犯対策の計画と対応──米国政府施設の保安に関する省庁間委員会の方針と最適慣行の手引（公開版）』… 14
### 第1章　事件対応 ……………………………………… 14
1.1　逃げる　*14*
1.2　隠れる　*16*
1.3　戦う　*18*
1.4　障害をもつ施設入居者と逃げ、隠れ、戦うための検討事項　*20*
1.5　警察・消防・救急等との意思疎通　*21*
1.6　対応組織の役割と責任　*23*
1.7　現場への接近と突入部隊・被救助者の集結　*23*
1.8　入居機関の警察に対する協力　*24*
1.9　広報およびメディアへのメッセージ　*25*
1.10　危機における効果的な意思疎通と広報の重要性　*26*
1.11　「逃げる・隠れる・戦う」ための心理と訓練　*28*

『銃乱射犯対策の計画と対応──米国政府施設の保安に関する省庁
　間委員会の方針と最適慣行の手引（公開版）』の刊行に寄せて
　米国政府施設の保安に関する省庁間委員会
　委員長のメッセージ　*32*
米国政府施設の保安に関する省庁間委員会（ISC）の方針　*33*
概要　*35*

**第2章　銃乱射事件対策の背景** ……………………………………… *37*
**第3章　入居機関緊急事態プログラムへの**
　　　　**銃乱射事件対策の導入** ……………………………… *41*
　3.1　課題　*44*
**第4章　事前の備え** ……………………………………………………… *46*
　4.1　職場暴力の指標・前兆・事件を通報する　*49*
　4.2　脅威評価チーム　*51*
　4.3　職員支援プログラム　*53*
　4.4　警察・消防・救急等との調整　*54*
**第5章　訓練と演習** ……………………………………………………… *56*
　5.1　訓練教材と課題認識のための資料　*57*
　5.2　施設入居者による自助と応急処置　*58*
　5.3　救急医療要員（消防・救急）の検討事項　*59*
　5.4　演習　*59*
**第6章　復　　旧** ………………………………………………………… *63*
　6.1　家族との再会　*64*
　6.2　心理的応急処置　*67*
　6.3　心理的応急処置の訓練　*69*
　6.4　被害者と家族への支援の管理　*71*
**付録A　被害者と家族への支援の検討事項**　*72*
**脚注** ……………………………………………………………………… *79*

## 第2部　撃たれた人の救命 ────────── 85

**資料3**　図解「出血を止めよ」……………………… 86
**資料4**　『即製爆発装置事件および銃乱射事件において
　　　　　生存性を高めるための初動要員用ガイド』………… 88

### 概要 ……………………………………………………… 88
### 予備知識
　A. 初動要員の定義　*91*
　B. 脅威の定義　*92*
　C. 米軍の教訓と非軍事部門への応用　*93*
　D. 即製爆発装置（IED）事件　*98*
　E. 銃乱射事件　*101*
　F. 止血　*104*

### 脅威に基づくシナリオ …………………………………… 107
　シナリオ1　大規模なテロ・ゲリラ攻撃　*108*
　シナリオ2　中規模のテロ・ゲリラ攻撃①　*116*
　シナリオ3　中規模のテロ・ゲリラ攻撃②　*124*
　シナリオ4　小規模のテロ・ゲリラ攻撃　*132*
　シナリオ5　自爆テロを強制された者　*140*
　シナリオ6　自家製爆発物の発見・回収（攻撃ではない）　*147*
　シナリオ7　初動要員の進入が阻止されている銃乱射事件　*151*
　シナリオ8　商業施設の銃乱射事件　*160*
　シナリオ9　見通しのよい開放的な屋外の銃乱射事件　*168*
　シナリオ10　競技場の銃乱射事件　*175*

### 脚注 ……………………………………………………… 183

## 第3部　銃・弾薬の威力と防弾 —————————— 189

**資料5**　銃16種類と弾薬12種類の威力『21世紀のテロリズムの
　　　　　軍事面に関するガイド』付録B　銃器 …………… 190
**概論** ……………………………………………………………… 190
**訳者による用語解説** …………………………………………… 191
**拳　　銃**　CZ 75／弾薬 9×19mm パラベラム弾　*193*
　　　　　　グロック17／弾薬 9×19mm パラベラム弾　*194*
　　　　　　マカロフ（PM）／弾薬 9×18mm マカロフ弾　*195*
　　　　　　ルガー GP100／弾薬 .357 マグナム弾　*196*
**短機関銃**　H&K MP5／弾薬 9×19mm パラベラム弾　*197*
　　　　　　PM63／弾薬 9×18mm マカロフ弾　*198*
　　　　　　UZI／弾薬 9×19mm パラベラム弾　*199*
**突 撃 銃**　AK-47／弾薬 7.62×39mm 弾　*200*
　　　　　　AK-74／弾薬 5.45×39mm 弾　*201*
　　　　　　コルト M16A2／弾薬 5.56×45mm NATO弾　*202*
　　　　　　コルト M4／弾薬 5.56×45mm NATO弾　*203*
**狙 撃 銃**　アーマライト AR-50／弾薬 12.7×99mm NATO弾　*204*
　　　　　　レミントン・モデル 700／弾薬 .223 レミントン弾、
　　　　　　 .308 ウィンチェスター弾　*206*
　　　　　　シュタイヤー SSG 69／弾薬 7.62×51mm NATO弾　*207*
**散 弾 銃**　フランキ・スパス 12／弾薬 12番の散弾実包と一粒弾　*208*
　　　　　　モスバーグ 500／弾薬 12番の散弾実包と一粒弾　*209*
**資料6**　防弾装備の等級 ……………………………………… 210
**資料7**　防弾壁に必要な厚さ ………………………………… 215

頭字語のリスト　*216*
各資料の原題とURL　*220*

あとがき　*225*
索引　*227*

# はじめに

　本書はおそらく、日本初の銃撃テロ対策ハンドブックとして記憶されることになると思われる。CBRNE（化学・生物・放射性物質・核・爆発物）をはじめとするテロ対策の関連書籍はあまた出版されているが、銃撃テロ対策の書籍を目にしたことはないからだ。

　このようなことになるのは、ひとつには日本の様々な危機管理の現場で形式主義がまかり通っており、一通り法律や制度を制定すれば、対策を施したかのように錯覚してしまうからだ。その結果、先進国で常識となっている厳格な実効性についてのチェックに基づく、水準を高める取り組みが存在していないのである。

　日本のテロ対策が形式に流れてきたさまは、首相官邸の例を見れば明らかだろう。既に対策がとられていることを前提に明かすのだが、現在の首相官邸が完成する直前の 2002 年 3 月 26 日、私は最終的なセキュリティチェックを命じられ、小泉政権の特命チームとともに旧首相官邸の厨房を通って最後の仕上げが進む新官邸に入った。首相執務室、閣議室、記者室、地下の危機管理センターを含むすべてをチェックし、26 か所の改善点についてリストを作成した。

　6 か月前の 2001 年 9 月 11 日に米国で同時多発テロが起きたばかりで、日本の関係当局は特に経空テロに気を配っていた。空からのテロである。目前にはサッカーのワールドカップ日韓共同開催が控えており、テロ対策について一日の長がある韓国を避けたテロリストが、弱点をさらしている日本を狙うことは十分に考えられた。

　経空テロについては、現在のようにドローンが普及していたわけではないので、特殊部隊による HALO（高高度降下・低高度開傘）

対策を提案した。HALO は夜間、高度 6,000 メートル以上の雲の上からスカイダイビングし、高度 600 メートルぐらいまでパラシュートを開かない降下法で、先進国の特殊部隊の基本的な技量とされている。HALO だと官邸屋上に忍者の一群がほとんど音を立てずに降り立つのと同じことになる。それに対して、私は官邸屋上への見張りの配置、監視カメラ、小型の対空レーダー、音響・温度・振動のセンサーの設置を提案した。

対策の必要性は首相官邸ドローン落下事件という形で示された。2015 年 4 月 22 日、官邸屋上にドローンが墜落しているのが発見されたが、落下から 13 日間、誰も気づかなかったからだ。しかも、福島原発事故由来の汚染水を入れた容器が搭載されており、容器の中身がサリンなどであれば、近づいた警察官に被害が出たことは間違いなかった。2002 年 3 月に私と官邸のチェックを行った官僚たちは既に事務次官級のポストに就いていたが、この有様を見て、「警備当局は小川さんの提案を実行していなかったのか！」と驚きを隠さなかった。

むろん、首相官邸の銃撃対策についても提案した。なにしろ、総ガラス張りのような外観の官邸について、官邸側が「ガラスの厚さは△△センチ」と記者会見で公表してしまっており、慌てずにはいられなかった。そこで、官邸内のドア、テーブルなどにケブラー（アラミド繊維）板で裏張りすることを提案した。このように補強されたドアやテーブルなら、サブマシンガン程度なら楯としても使えるからだ。

その後、首相官邸には感圧センサーが導入され、特定地域の在外公館にも RPG-7 対戦車ロケットに耐える防弾板が配備されるなど、それなりの対策が施された。しかし、一般市民のための銃撃テロ対策については普及しているとは言えない。

2020 年の東京オリンピック・パラリンピックを機にテロ対策が

はじめに

叫ばれる一方、目に見える形の銃撃テロ対策の普及が遅れている現状は、外国の観光客を呼び込む観光立国の立場からも改善されなければならない。日本が世界一安全な国を実現していくために、本書が一助となればこれにまさる喜びはない。

最後に、本書で使用した米国政府関係の資料を選択し、翻訳を担当してくれた静岡県立大学の同僚・西恭之グローバル地域センター特任助教、快く出版を引き受けていただき、煩雑な編集作業を担当してくださった近代消防社の三井栄志代表取締役に心から謝意を表したい。

2019年3月

小川和久（静岡県立大学グローバル地域センター特任教授）

### 資料の再構成について

資料2『銃乱射犯対策の計画と対応——米国政府施設の保安に関する省庁間委員会の方針と最適慣行の手引（公開版）』は、重複している部分と米政府職員にしか役に立たない部分を除いて訳し、「逃げる・隠れる・戦う」という具体的な行動に関する部分を冒頭に出すように並べ替えて、章番号を付け直した。

本訳書の資料2第1章「事件対応」は、原資料の第7章にイラストを追加した。原資料でこの章の冒頭にあった文章は、本訳書では1.11「『逃げる・隠れる・戦う』ための心理と訓練」という題をつけて収録し、小見出しを追加した。

原資料の第1章「計画の指針に関する序言」、第3章「本指針が対象とする施設と人員」は、「刊行に寄せて」「米国政府施設の保安に関する省庁間委員会（ISC）の方針」「概要」と内容が重複するので、本訳書では省略した。

原資料の第9章「銃乱射事件対策のリソースとひな形」は、

本訳書の資料1として収録した、米国土安全保障省の銃乱射対策携帯用カードを除いて、米政府職員にしか役に立たないので省略した。同様に、原資料の巻末の米政府省庁間保安委員会（ISC）参加者名簿も省略した。

本訳書では専門用語を本文中で解説したので、原資料の巻末にある用語集は省略した。

資料4『即製爆発装置事件および銃乱射事件において生存性を高めるための初動要員用ガイド』も、重複している部分と本訳書の読者の役に立たないと考えられる部分を除いて訳した。

原資料の冒頭の「目的」は「概要」と重複しているので省略した。「予備知識G. 防護装備」は、同様の内容を資料6に収録したので省略した。「予備知識H. 対処と事態管理」「初動要員への指針」「まとめ」は、各シナリオの記述と重複するので省略した。

資料4の作成のために情報を提供した米政府機関のリストと、資料4の参考文献リストに関心のある読者は、原資料をご参照いただきたい。

資料4の各シナリオには、類似の事件の写真とそれを説明する文章を追加した。

資料2、資料4とも、原資料の巻末の略語と頭字語のリストのうち、本訳書で使用したものは、本訳書の巻末のリストに含めた。訳した部分の脚注は、脚注番号を変えずに訳し、失効しているリンクは更新または削除した。

本書では、同じ文章がシナリオごとに繰り返し登場するが、シナリオごとに基本を周知させる目的による反復であり、その意を理解いただきたい。

# 第1部

# 総合対策

### 資料1　銃乱射対策携帯用カード

米国土安全保障省、2014年3月

（表面）

## 銃乱射事件に対処するための心構え

- 身の回りに注意を払い、起こりうる危険を察知する
- どの施設を訪れたときも、最寄りの出口2か所を頭に入れる
- 事件が起きたとき同じ施設の別室にいた場合は、部屋を出ないでドアに鍵をかけ、できれば家具などでふさぐ
- 最後の手段として必要なら、犯人を倒すことに全力を尽くす

職場の銃乱射事件対策に関する情報と訓練については、ビル管理者か人事部門に問い合わせること

## 銃乱射犯とは何者か

銃乱射犯とは、人の多い区域で殺人を実行中または試みている者で、主として銃を用いている者である

## 銃乱射事件の特徴

- 無差別殺傷事件である
- 事件は突然発生し、急展開する
- 警察が出動しなければ銃撃を止められないケースが多い

## 安全に電話をかけられるときは110番する

長辺を二つに折ると携帯しやすい。米国土安全保障省が発行した英語版は、表面右下に同省のロゴマークがある。

(裏面)

## 銃乱射犯が近くにいるときの対処方法

### 1. 逃げる
- 脱出の経路と計画を考えておく
- 手ぶらで逃げる
- 手を隠さない

### 2. 隠れる
- 犯人から見えない場所に隠れる
- 隠れ場所の入口をふさいで、ドアに鍵をかける
- 携帯電話やポケベルの着信音も振動もオフにする

### 3. 戦う
- 自分の命に危険が迫っている場合の最後の手段である
- 犯人を行動不能にすることが目的
- 体を攻撃的に動かし、犯人に物を投げつける

### 安全に電話をかけられるときは110番する

## 警察が到着したときの対応
- 落ち着いて指示に従う
- 持ち物(バッグや上着)を床または地面に置く
- 手を上げて指を広げる
- 絶対に手を隠さない
- 警察官に向かって、取りすがるなど急な動きをしない
- 指を差したり、大声や悲鳴を上げたりしない
- 避難行動中に立ち止まって、警察官に助けを求めたり道を聞いたりしない

### 警察に伝える情報
- 犯人の位置
- 犯人の人数
- 犯人の外見
- 犯人が持っている武器の数と種類
- 現場で被害者になるおそれのある人数

第1部　総合対策

**資料2『銃乱射犯対策の計画と対応――米国政府施設の保安に関する省庁間委員会の方針と最適慣行の手引（公開版）』**
2015年11月

# 第1章　事件対応

## 1.1　逃げる

　安全に逃げられる状況であれば、まず逃げよう。

　逃げられる人は、もっとも安全な経路を通って建物から出て、指定された集合場所または安全が確認されている代替集合場所に向かわなければならない。

　しかし、銃乱射事件は状況が刻々と変化するので、火災避難訓練で通ったのと同じ経路で建物を出て集合場所へ向かうことは、かえって危険かもしれないし、不可能かもしれない。火災避難訓練の経路を通ることが危険または不可能な場合、職員は施設から脱出するため、または攻撃を受けている区域から離れるため、別の経路を通り、安全な場所まで走る必要があるかもしれない。こうした選択についても、銃乱射事件に対する訓練と演習を通じて、職員にはっきり知らせておかなければならない。

　銃乱射事件の状況が複雑であっても、施設の関係者や来訪者のうち、その場にとどまるとリスクがあり、安全に避難できる人は、避難すべきだ。最近の研究によると、銃乱射事件の死者を減らすもっとも効果的な方法は、銃乱射犯がいそうな区域や侵入しようとしている区域から、ただちに避難することである。[22]

第 1 章 事件対応

職員が逃げるための訓練では、以下の行動が重要である。
1）手ぶらで逃げる。
2）警察官を見かけたら両手を上げて、自分が銃を持っていないことを示す。
3）脱出に利用するかもしれない経路を自分の目で確認し、風景を覚えておく。その経路の中には、身体障害、移動能力やその他の機能の面でさまざまなニーズのある入居機関職員や訪問者が、利用できる経路もなければならない。
4）エスカレータとエレベーターの使用は避ける。
5）逃げたい人といっしょに逃げる。逃げたくない人がいるからといって、自分も居残ってはならない。

電話をかけても安全な状況であれば、**110番で以下の内容を通報する**（訳注・北米では911番、以下同じ）。
1）銃乱射犯のいる場所
2）自分のいる場所
3）銃乱射犯の人数

4）現場に警察官がいるか（もし分かれば）
5）銃乱射犯の外見の特徴
6）銃乱射犯が使っている武器の種類と数
7）爆発物・即製爆発装置（IED）の使用または威嚇の有無
8）発砲がまだ続いているか
9）現場の被害者数の見込み

職員はおそらく散り散りになるので、全職員の状態と所在を把握するためには、誰に連絡すべきかを全職員に指示しておく必要がある。

緊急事態計画を立てる担当者は、「逃げる・隠れる・戦う」というシナリオの付属文書の作成を検討すべきだ。付属文書では、少なくとも以下の問題を検討する必要がある。

1）主要な避難経路と、それが使えない場合の代替避難経路は決まっているか。
2）職員は避難経路を通る訓練を行っているか。
3）避難経路の安全性は、想定される事件現場からの距離、銃弾を防ぐ障壁、身を隠しながら移動するという点で十分か。
4）安全になった時点で、全職員の状態と所在を把握するためのシステムはあるか。

## 1.2 隠れる

安全に逃げることができない場合は、**壁が厚くて窓が少ない、できるだけ安全な場所**に隠れなければならない。そのように職員を訓練しなければならない。走ることができない職員や来訪者は、おそらく隠れるほかない。

さらに、施設に隠れる人は誰もが次のことをしなければならない。
1）**ドアに鍵**をかける。重い家具で**戸口をふさぐ**。できれば両方

第 1 章　事件対応

とも行う。
2）窓を閉めて鍵をかけ、ブラインドを閉めるか他の方法で窓に**覆い**をかける。
3）**照明を消す**。
4）**携帯電話**など電子機器を**サイレントモード**にする。
5）**声を出さず、音を立てない**こと。
6）隠れている間に他の脱出手段を探す。
7）武器として使える物を探す。
8）可能かつ安全であれば、音を立てずに警察官などと連絡する。たとえば、外部に面した窓のある部屋では、その部屋にいる人々の状況を紙に書いて外へ向けて窓に貼って、警察など緊急対応組織に知らせる。
9）出口にもっとも近い壁に沿って、廊下から見えない場所に身を隠す。そうすれば、銃乱射犯が部屋に入った場合に待ち伏せて襲ったり、銃乱射犯が通り過ぎた後で避難したりできる可能性がもっとも高くなる。

第 1 部　総合対策

10) 警察官だと確認できる人物から、危険が去ったことを告げられるまで、隠れ場所から動かないこと。

以下の行動も検討すること。

1) 事件中に職員や来訪者がバリケードを築いて安全に隠れることができる場所を、平時から各階ごとに確認して決めておく。
2) 自分のいる区域に銃乱射犯が入れないように遮断（ロックダウン）する方法を訓練する。その方法をドアの裏側と固定電話の近くに掲示しておく。
3) すべての電話機から 110 番へかけられるようにしておく。

「逃げる・隠れる・戦う」というシナリオの付属文書を作成する場合は、以下の検討事項も含めること。

1) 隠れ場所は決まっているか。
2) 隠れ場所に移動する方法と銃乱射犯を閉め出す方法は確認されているか。
3) 職員は隠れ場所へ移動し、その中の適切な位置に身を隠す訓練をしているか。
4) これらの隠れ場所と外部との間の通信手段は何か。

## 1.3 戦う

銃乱射犯から安全に逃げることも隠れることもできず、危険が差し迫っている場合は、**消火器や椅子など手近な物を使って、攻撃的な実力によって、銃乱射犯を妨害・無力化するよう努力しなければ**ならない。**多人数で立ち向かえば銃乱射犯に勝てる**見込みがあることは、調査報告書でも明らかにされている。51 件の銃乱射事件のうち 17 件では、犠牲になるおそれのあった人々が、警察が到着する前に銃乱射を妨げることに成功している。[23]

銃乱射犯と戦う話をすると、一部の職員はおじけづいたり、動揺

第 1 章　事件対応

したりするかもしれないが、行動によって命を守ることができると理解してもらえば、職員の気持ちは楽になるだろう。

　ただし、誤解してはならないのは、法執行機関以外のいかなる職員にも、銃乱射犯と戦うことを、職務として義務付けてはならないということだ。銃乱射事件に直面したときの対応を決める権利は、職員一人ひとりにある。

　**「逃げる・隠れる・戦う」** というシナリオを実行するため、緊急事態計画の付属資料を作成する場合、以下の問題も検討する必要がある。

1）戦うことが妥当なのはどのような場合か、職員たちで検討しているか。
2）銃乱射犯との戦いに役立つ備品はないか、職員たちで検討しているか。
3）銃乱射犯との戦いに必要な概念である、数の優勢、不意打ち、迅速さ、暴力的な行動について、職員たちで検討しているか。

## 1.4 障害をもつ施設入居者と逃げ、隠れ、戦うための検討事項

入居機関緊急事態計画に基づくすべての行動は、障害のある人にとっても、障害のない施設入居者がとる行動と同じように有効でなければならない。入居機関緊急事態計画を作成または変更する場合は、その作業の始めから終わりまで、障害がある人のニーズに応えることが求められる。適用される法令は、以下のものに限らない。

・1990年障害を持つアメリカ人法
・1973年リハビリテーション法
・大統領令12196号「連邦政府職員のための労働安全衛生プログラム」(1980年)
・大統領令13347号「緊急事態に備える際の障害者への配慮」(2004年)

この章の前半で論じたとおり、銃乱射事件が続いている間、いかなる人も、現場の建物に残ることも、出て行くことも、強制されるべきではない(警察官など緊急対応要員に指示された場合を除く)。すべての緊急事態に際して、入居機関の管理職は、障害のある部下および来訪者が適切に保護されることを保証する最終的な責任がある。連邦政府の管理職は、下記をできるように訓練を受けることが求められる。

1) 職員のうち、施設外への避難または施設内退避の際に手助けが必要になるとわかっている人については、必要な手助けの内容、手助けすると申し出ている人の氏名、安否・所在確認の手順、(必要な場合)備えるべき器材の種類、そして勤務場所からの避難経路を含む個人別の計画を立てて、説明しておくこと。
2) 障害者などを手助けする用意のある人を把握すること。
3) 監督下にある人のうち、手助けが必要だと申告している人の

安否・所在を、事件中に把握できるようにしておくこと。[24]

また、事件発生などの通知は、特別なニーズがある人々が利用しやすいように、さまざまな形で行う必要がある。適切な計画立案と演習には、以下の事項の検討が求められる。

1）難聴の職員のために振動を用いる方式の警報
2）視覚障害など難聴以外の障害を持つ職員（訳注・「視覚障害」「難聴以外の障害」の2項目をまとめた）
3）代替的な通知手段
4）けがなどで一時的な障害を持つ職員
5）来訪者
6）言葉の壁がある人
7）文字と絵で緊急メッセージ／緊急記号を示す標識カード
8）すべての計画を障害者とともに立てる

## 1.5 警察・消防・救急等との意思疎通

施設入居者は、事件現場に到着した警察官が最優先するのは、脅威に即応し、戦い、できるだけ早く銃乱射犯を無力化することであり、他の行動は二の次であることを、理解しておかなければならない。

ある総合的な調査によると、警察官が一人で現場に到着した銃乱射事件の過半数（57パーセント）では、警察官の到着時に発砲が続いていた。それらの事件の75パーセントでは、危険を取り除くため、警察官が一人で犯人に立ち向かわなければならなかった。そうした事件の3分の1では警察官が撃たれた。[25]

施設の標準作業手順書（SOP）には、救急車など負傷者の輸送手段をいつ現場に送るべきかを明記し、警察など初動要員のために交通路を確保しておかなければならない。患者の優先順位、救護所と

負傷者収容地点（CCP）のどちらを使うか、どの病院へ負傷者を搬送するのかといったことについて、方針を準備しておくべきだ。

発砲があったという110番通報を受けて連邦政府施設へ急行した警察官・消防士・救急救命士（初動要員）は、きわめて困難な任務と向き合うことになる。銃乱射事件の脅威と、自然災害など他の緊急事態は、人命を救う目的こそ同じだが、異なる点が多い。まず、銃乱射事件では、110番で通話中の人が暴力を受けるか、通話後に暴力を受ける危険がある。現場から初動要員へ伝わる情報は、不確かで矛盾しているおそれがある。銃乱射犯の暴力は、施設および中の人々だけでなく、現場から離れた近隣の建物にも向けられているかもしれない。

　銃乱射事件は、警察官がこんにち直面するもっとも危険な事態の一つである。銃乱射事件の一報を受けて、警察官は接敵チームを編成して施設に入り、暴力に伴う音（発砲音、命乞いする声など）がする方向へまっすぐ進む。大声や暴力に伴う音が聞こえない場合は、迅速かつ順序立てて施設を捜索する。もし発砲が始まったり、暴力に伴う音が聞こえたりしたら、接敵チームは捜索を中断し、音がした方向へまっすぐ進むことになる。

　警察官が大声で命令し、安全のために人々を地面に押し倒しても、施設入居者は驚くべきでない。現場に最初に到着した警察官が、負傷者を助けるために立ち止まることはない。増援された警察官で編成された救助隊（施設や地元警察の標準作業手順書により認可されている場合は医療従事者を含む）は、第一陣の後を追って、できるだけ速やかに施設に入る。

　施設入居者は、連邦防護局（訳注・一般調達局＝GSAが所有または借り上げている米政府施設を警備する国土安全保障省の警察組織FPS）などの初動要員に対し、協力し、妨げにならないように訓練されるべきだ。警察官が脅威を認識して反応するのにかかる時間が

短いほど、より多くの人命を救うことができる。このことは、発砲があったという110番通報を受けて警察官が出動する銃乱射事件において、特に重要である。多くの無辜の命が狭い場所で危険にさらされるからだ。

それゆえ、施設管理者・入居機関は地元の初動組織や危機管理当局と協力して、彼らと連携して銃乱射事件に備え、発生を防止し、発生した場合は状況を把握し、彼らと連携して効果的に対応することが決定的に重要になる。

実際の緊急事態では、タイムリーな情報活動が重要となる。職員は、警察と連絡をとって重要な情報を共有するように訓練されるべきだ。警察は、事件を通報すべきか迷うことなく通報することを勧めている。誰かがすでに通報しただろうと決めつけてはならない。スマートフォンなど電子機器を用いて監視対象を撮影した映像は、できるだけ早く警察など対応組織と共有しなければならない。

## 1.6 対応組織の役割と責任

最初に到着する初動要員とその後に到着する要員の任務と役割は、はっきり定義されなければならない。そのためには銃乱射事件への対応を開始する際の基本的な手順や、最初に伝達すべき情報の定義が必要だ。連携を確保するため、各機関の任務と役割の内容は、合同チームを作って策定すべきだ。その際、緊急時総合調整システム（ICS）をいつ設置し、誰が現場指揮官となるのかも決めておく必要がある。

## 1.7 現場への接近と突入部隊・被救助者の集結

関係機関の合同チームが策定する標準作業手順書には、警察官が

いつ、どのようにして最初の接触チームを編成するのかを明記しなければならない。さらに、警察官は負傷者収容地点（CCP）に望ましい要素、たとえば安全性、施設入居者への接近しやすさ、退出路について、基本的な理解が求められる。

銃乱射事件に対処するためには、伝統的な考え方に反して、銃撃の潜在的な危険のある環境へ医療従事者を早めに投入することが必要となる（訳注・たとえば銃乱射犯が建物の一角に封じ込められているが無力化されていない状況における、その建物の他の区域のような環境のことで、ウォーム・ゾーンと呼ばれる）。

どのような条件が満たされたときに、いつ、どのようにして医療従事者が現場に入るべきかは、さまざまな専門分野の合同チームによってはっきり定義され、標準作業手順書の一部として、関係者全員に周知しなければならない。脅威が無力化されていない段階では、医療従事者の安全を確保する責任は警察にある。

また、警察官には、施設入居者が安全に避難できるのか、それとも負傷者収容地点で管理すべきかを決める責任があるし、入居者の避難経路の安全を確保する責任もある。

銃乱射事件に有効に対応するためにとくに重要なのは、発生直後に状況を把握することだ。連邦政府施設の保安を担当する職員は、事件発生を通知するためにあらかじめ取り決めた方法と用語について、訓練を受けるべきだ。

## 1.8 入居機関の警察に対する協力

銃乱射事件が起きている施設にいる入居者は、次のことを忘れてはならない（記憶は訓練で強化されているはずだが）。

a) 命を守るため、どんな行動を取るべきかすばやく決心する。
その行動には、「**逃げる、隠れる、戦う**」という選択肢がある。

事件の状況に応じた最善の判断をしよう。
b）事件に対処する警察官に出会ったら、冷静に指示に従う。警察官は大声で命令し、人を地面に押し倒すかもしれないが、それは相手と警察官自身の安全のためだ。

警察官が現場に到着したとき、施設入居者は次のことを理解している必要がある。
1）警察官のすべての指示に従うこと。
2）冷静さを保ち、よく考え、あわてる気持ちに抵抗すること。
3）直ちに両手を上げて、指を広げること。
4）両手を常に出して、警察官から見えるようにしておくこと。
5）持ち物は足元に置くこと。
6）警察官に向かって突然または急な動きをしないこと。
7）指さしたり、悲鳴をあげたり、どなったりしないこと。
8）避難中に通りがかった警察官に助けを求めないこと。
9）警察官に言われたとおりの方向に進むこと。
10）事件に関連のあるすべての情報を警察に提供すること。

## 1.9 広報およびメディアへのメッセージ

広報官（PAO）の任務は、事件に関する情報を整理し、ニュースメディア、事件対応要員、その他の政府機関や団体に対して適切に公開することである。事件の影響を受けた施設の広報官は、現場指揮所と外部のすべてのやり取りを、統合情報センター（JIC）を通じて調整する。統合情報センターが設置された時点で、首席広報官が指名され、施設の広報官からの情報を含め、すべての情報の公開・広報を調整する。

クライシス・コミュニケーション（訳注・非常事態の被害を最小限に抑えるための迅速・適切な情報開示）に成功するための計画に求め

られる要素は、以下を含む。

1）事前に地元のメディアおよび警察と関係を築いておく。
2）自分の機関のウェブサイトの見やすい位置に、機関の任務や主要幹部の情報を載せておく。
3）広報業務計画を作成し、財源、バックアップ体制、要員・資材などを手配しておく。
4）組織の最高幹部と危機対応チームのリーダーがメディアに対してすぐに使える想定問答集を、できるだけ準備しておく。
5）正確な情報を早めに開示して広めることで、ソーシャルメディアを通じた誤報・偽情報の拡散を防ぐ。
6）FBI（連邦捜査局）および地元の警察は、要請があれば、事件の影響を受けた政府機関へ専門家を派遣して広報業務を支援する。
7）訓練に広報官を参加させる。
8）あらかじめ大手ニュースメディアと互いの連絡先を確認しておく。
9）提供することが必要かつ適切である情報のチェックリストを準備しておく。

## 1.10　危機における効果的な情報伝達と通信の重要性

　事件中の情報伝達は決定的に重要だ。銃乱射事件の発生が確認されたら、対応を開始することになるが、そのために使う用語は、対応組織の間であらかじめ取り決めて、統一しておかなければならない。情報を伝えるためには、できるだけ分かりやすい言葉を使うべきだ。

　すべての対応組織が確実に情報交換できるように、標準化した通信計画を立てて、あらかじめ各組織に周知しておく必要がある。こ

の計画では、現実的な場合は共通の無線周波数を使うことや、行動・場所・役割などを記述するための共通の用語を定めておくべきだ。空港では、自治体・州・連邦政府のさまざまな機関が日常業務に関与しているので、標準化した通信計画がとりわけ重要である。また、通信計画は、医療機関など死傷者の受け入れを要請される可能性のある施設に対する早期の通知を含むべきだ。

**過去の事件の教訓には次のようなものがある。**
1）常に複数の通信手段を持つこと。
2）利用できるあらゆる通信手段を使うこと。
3）重要な情報を伝達する際は他人をあてにしないこと。
4）ある人がある情報を知っているはずだと思い込まないこと。
5）自分が知っていることを他人も知っていると思い込まないこと。
6）必要なすべての情報を自分が知っていると思い込まないこと。
7）すべての人が状況を把握できるように、緊急事態発生の標準化された通知が、さまざまな手段で伝達されるようにしておくこと。
8）初動要員の現場指揮所には、相手の組織について知識のある者を連絡係として派遣すること。
9）熟練した専門家たちが最善の努力をしても、通信に障害が生じることがある。

**効果的な情報伝達と通信の訓練**
　管理者と緊急対応要員に効果的な通信方法を訓練することは、施設入居機関の職員に避難の手順を訓練することと同じように重要である。多岐にわたるシナリオに基づく訓練を、誰もが利用しやすい、リハビリテーション法第508条（訳注・連邦政府機関の電子・情報技術を障害者にも使いやすくすることを義務付け、その要件を規定）に準

拠した方法で行うことを強く推奨する。訓練シナリオには、施設の入居機関職員および常駐警備要員と初動要員の間の通信を含めるべきである。[26]

## 1.11 「逃げる・隠れる・戦う」ための心理と訓練

各施設の入居機関緊急事態プログラム（OEP）は、銃乱射事件に際して、施設にいる人々がどのように行動すればもっとも多くの人命を守ることができるのかを記述し、その行動を身に付けるための教育・訓練を盛り込まなければならない。事件発生後はOEPおよび事件中の指示に従うことが重要だが、その一方で、他者と自分の命を守るもっともよい方法を、自分で選択しなければならない場合がよくある。あらゆる銃乱射犯事件に対して万能な対応はない。しかしながら、一人ひとりが自分の選択肢を知っており、断固として対応する権限と自信を与えられていれば、貴重な時間を節約することができる。事件が起きる前にシナリオを描き、対応の選択肢を検討することは、個人および集団としてもっともよい行動を速やかに選択するために役立つ。

### 平時に職場で話し合おう

当然ながら、この問題は微妙で取り扱いが難しい。「この対応は銃乱射事件のどのシナリオにも最善」というものはないが、「**逃げる・隠れる・戦う**」という考え方を持ち続ければ、生き残る確率を上げることはできる。この問題を、施設・入居機関の職員たちが自由に話し合う時間を設けることは有益だろう。中には、この話し合いは心地よくないと感じる人がいるかもしれないが、自分の所属する組織全体が、銃乱射事件が起きた場合の最善の対応策を考えようとしているということを理解すれば、逆に心強く思うのではないだ

ろうか。

　銃乱射事件が起きると、訓練の経験や出される指示にかかわらず、職員や来訪者は、一人ひとりの直感に基づいて反応し、対応することになる。その場から逃げることができない人もいるかもしれないし、逃げることを拒否する人もいるかもしれない。ある人はグループと一緒にいるほうが心強いと感じ、他の人は一人で困難に立ち向かおうとするだろう。施設・入居機関の側が、すべてのありうる事態について職員にあらかじめ知らせることは困難であり、おそらく不可能である。施設・入居機関の側は、完璧な対応などないと職員が理解するのを助けなければならない。

### 指示がなければ自分で決める

　事件にあった人がその場にとどまるか、それとも立ち去るかは、警察官その他の緊急対応要員に指示されない限り、本人が決めるのがもっともよい。その一方で、連邦政府施設は、銃乱射事件の検討事項を議論し、自分の置かれた立場で実行可能な最善の策を選択できるという自信を職員に与えることで、職員・入居機関がよりよい形で準備し、対応し、復旧するのを助けることができる。銃乱射事件の最中、その場に居合わせた人々が「逃げる、隠れる、戦う」という選択をするため状況を把握しようとしても、完全な情報を得られる見込みはまずないからだ。

　脅威に直面した最初の段階で、人は危険の可能性を否定し、事態に対応しないことも珍しくない。2001年9月11日の世界貿易センタービル崩壊について、米国立標準技術研究所（NIST）が05年に行った調査によると、影響を受けなかった階にいた人々よりも、旅客機の衝突現場の近くの階にいた人々のほうが、避難を始めるのが遅かった。同じような対応の速さの差は、バージニア工科大学における銃乱射事件中、大学構内にいた人々の間にもみられた。これら

の事件では、危機の否認による対応の遅れが浮き彫りにされた。

　銃乱射事件が起きた時、施設にいる人々は、何をすべきか指示を出してくれる権威者を探すことになる。彼らは警察官とその他の制服職員を見分けられないかもしれない。連邦政府施設周辺で見かける制服職員は、法執行官かもしれないが、他の保安要員かもしれないし、どちらでもないかもしれない。銃撃が始まったとき、制服を着た保安要員が現場にいるとは限らない。施設職員や来訪者は、館内通報システムまたは職員から事件発生を知らされなければ、銃声を聞いて知ることになるかもしれない。

　したがって、全職員が**「逃げる・隠れる・戦う」**のモデルによる銃乱射事件対応の手法の訓練を受ける必要がある。事件が起きたら、一人ひとりが冷静さを保ち、訓練で学んだ手順を思い出そうとしなければならない。政府機関における訓練は、自然災害時の「屋内退避」と、銃乱射事件現場一帯の「ロックダウン」（入退館禁止・室内退避）の手順の違いを説明する必要がある。

　訓練は、**「逃げる・隠れる・戦う」**という複数の選択肢の使い方を身に付けることを目標にすべきである。一人ひとりが、自分の現在地で適切な行動は何かを決めなければならないからだ。現在地がどこであれ、生き残って他者も守ることがゴールなのだが、どのような手段を選ぶことができるのかは、自分と銃乱射犯の間の距離によって決まる。銃乱射犯から逃げるか、銃乱射犯が接近できない安全な場所に隠れるか、自分と他者を守るために銃撃犯を無力化することになる。多くの場合、まず隠れてから、機会をとらえて安全な場所へ逃げることが必要となる。事件中は、決められた対応計画および施設を代表する適切な者の指示に従うべきだが、自分の判断力を求められることも少なくない。平時からシナリオのイメージトレーニングを行い、対応の選択肢を検討しておくことは、個人および集団としてもっともよい行動を速やかに選択するために役立つ。

第1章　事件対応

**何をどうやって伝えるのか訓練しよう**

　施設・入居機関の職員は、職員や来訪者を一番近い避難経路へ誘導する方法（「逃げる」）と安全が確認されている場所へ誘導する方法（「隠れる」）について、対応計画を理解しておく必要がある。受け入れ難い状況を認めようとしない、人間の心理的防衛機制を克服して、直ちに対応できるように職員を訓練すべきである。たとえば、どのような音が危険を示すのかを知っておき、その音を聞いたら、危険が迫っていることと必要な行動を強い調子で伝えるように（「銃撃だ！　外へ出ろ！」など）訓練すべきである。

　加えて、館内放送機器その他の通信システムのもっとも近くにいる人、または別の方法で他者に警告を発することができる人は、危険が迫っていることと必要な行動を発信すべきだ。緊急事態に直面した人々との施設内部の通信が生死を分ける。変化する環境の中で全職員に情報を伝えるため、保安要員は、ITプラットフォーム、ソフトウェア、機器（たとえばインスタント・メッセージや携帯電話アプリ）を含めて、必要なあらゆる手段を使用すべきだ。緊急事態に対する準備と訓練を反復すれば、観察・情勢判断・行動にかかる時間を短縮できる。危険に気付いた人は誰でも、自分の安全を確認できたらただちに110番（訳注・北米では911番）通報して、できるだけはっきりした正確な情報を初動要員に伝えなければならない。

　いかなる緊急事態においても自分の安全を第一に考えるべきだが、他者が安全な場所に逃げられるように手を貸すと、犠牲者になる可能性のあるすべての人々の生存確率を上げることができる。手を貸すといっても、「ついて来なさい！」と声をかけて先導する、歩けない人を連れて行く、より安全な場所で応急処置を行うといった単純なことでもよい。

　銃乱射事件には、入居機関の関係者（来訪者を含む）、施設の保安要員（配置されている場合）、対応する法執行官（施設に常駐または外

部から駆け付けた者）が対応する。現地保安責任者（SSM）または指定された職員は、銃乱射事件への対応と情報伝達の計画を準備する責任を負っている。現地保安責任者の属する機関が武装警備員か法執行官を雇用している場合、その機関は施設に必要な人員・装備を配備する責任も負う。現地保安責任者はまた、事件に効率よく対応し、混乱と対応の遅れを最小限にとどめるため、外部の対応組織（警察・救急）と調整することが求められる。

　銃乱射事件が起きたとき、人間は驚き、恐怖と不安を感じ、当初は事件が起きていることを信じられずに否認さえするのが、自然な反応だということを記憶にとどめてほしい。現場に居合わせた人々はおそらく警報音、発砲音、爆発音、人々の怒鳴り声や悲鳴を聞くことになる。そんな現場でも、訓練（たとえば図上演習と反復訓練）は、落ち着きを取り戻し、学んだことの少なくとも一部を思い出し、断固として行動するための手段を提供してくれる。「**逃げる・隠れる・戦う**」という標語を記憶し思い出す訓練は、生き残るために行動することができる確率を上げる。

## 『銃乱射犯対策の計画と対応──米国政府施設の保安に関する省庁間委員会の方針と最適慣行の手引（公開版）』の刊行に寄せて
### 米国政府施設の保安に関する省庁間委員会委員長のメッセージ

　国土安全保障省（DHS）にとって優先度の高い業務の一つは、米国政府が保有または賃借している施設で働く政府職員と訪問する市民の安全を守ることです。米国政府施設の保安に関する省庁間委員会（ISC）は国土安全保障省が主宰し、54の連邦政府機関で構成されています。ISCの任務は、米国内の非軍事施設の保安の基準と最適慣行を策定することです。

　ISCの委員長として、この『銃乱射犯対策の計画と対応──米国政府施設の保安に関する省庁間委員会の方針と最適慣行の手引（公

開版)』という新文書をご紹介できることを嬉しく思います。本文書の私用禁止（FOUO）版は2015年7月、連邦政府機関のみを対象に発行されました。私用禁止版は、連邦政府施設における銃乱射事件への備えをより高めるために、ISCの既定の方針を、新たに統一された方針と手引書としてまとめたものです。公開版は、より幅広い層の人々が本文書の情報の恩恵を受けられるように、民間部門のための参考文書として、ここに公開します。

　銃乱射事件の発生は予測できない場合が多く、急展開する可能性が高いものです。そのため、銃乱射事件への備えと対応の手引書がいくつか発行されています。ISCの過去の文書には、『連邦政府の職場における暴力行為——予防と対応』『施設利用者緊急事態計画——米国政府施設の保安に関する省庁間委員会の手引書』など銃乱射事件を扱ったものもありますが、本文書は銃乱射事件を集中的に取り上げた、連邦政府機関のリソースとして、連邦政府施設における銃乱射事件への備えを強化するものです。

　ISCの主なメンバーの全面的同意を得た、この『方針と最適慣行の手引』は、画期的な成果物です。ISCおよび銃乱射犯対策作業部会のメンバーは、模範的な協力の上に、政策方針と計画の手引を初めて一つのISC文書にまとめました。この『方針と最適事例の手引』は2015年11月12日に承認されたものですが、必要に応じて更新されます。

インフラ防護担当国土安全保障次官補<br>ケイトリン・ダーコビッチ

**米国政府施設の保安に関する省庁間委員会（ISC）の方針**
趣旨：
　ここに示す方針の目的は、銃乱射事件への対策に関する連邦政府省庁の統一基準を定めることである。ISCは、大統領令12977号お

第1部 総合対策

よび13286号に基づいて、省庁間保安委員会は連邦政府のすべての非軍事施設において、下記の方針を制定することを命じる。[1]
さらに、各機関は可能なかぎり、この『銃乱射犯対策の計画と対応——米国政府施設の保安に関する省庁間委員会の方針と最適慣行の手引』に示された最適慣行の実施に尽力することを推奨する。

**方針：**
1) 各施設は必要に合致した銃乱射犯[2]に備えた対策準備計画を備え、2年ごとに改定すること。最低でも、対応策は以下の要素を含むこと。
a. 警備の評価
b. 準備体制
c. 通信方法
d. 事件対応計画（事件発生時の行動）
e. 訓練と演習
f. 事件後の回復・復旧
  i. 職員
  ii. 業務
2) 対策準備計画の作成、見直し、改訂の際は、各施設の指定された職員が、その施設を警備する組織（連邦防護局＝FPSや連邦保安官局＝USMS）、施設に駐在している法執行機関（もしあれば）、および銃乱射事件の際に対応する可能性の高い初動機関と協力すること。
3) 対応計画の策定にあたっては、各省庁の代表は他の省庁の者と協力すること。
4) 各機関の代表は、銃乱射犯対策準備計画が改定されるたびに職員に通知し、必要な訓練、資料、意識を高める話し合いの場などを提供すること。
a. 連邦政府が推奨する「逃げる、隠れる、戦う」[3]の概念を職員

に理解させておくこと。
b. 職員には、一人ひとりの計画を立てておくことが重要だと教えておくこと。
c. 新人職員には、銃乱射犯に備える訓練を新人研修期間に行うこと。

5）銃乱射犯対策準備計画は、個別の文書でなくてもよい。機関・施設の警備担当者や指定された職員は、銃乱射犯対策準備計画を既存の事件対応手順に組み込むためのもっともよい方法を決めること。

6）前述のように、上記の方針6点（ママ）は連邦行政府のすべての機関に義務付けられている。本文書の残りは最適慣行と推奨事項であり、義務的な方針ではない。その目的は、上記の方針で義務付けられている銃乱射犯対策準備計画の実施を支援することである。

**概要**

米国政府施設の保安に関する省庁間委員会（ISC）の銃乱射犯対策作業部会の主な任務は、既存の省庁間委員会の銃乱射犯対策の文書をひとつの統一された方針と手引の文書にまとめ、連邦政府施設に入居している機関が、銃乱射事件の予防・防護・被害軽減・対応・回復の取り組みを促進するための参考文書として使えるようにすることである。[4] ISCの銃乱射犯対策作業部会は、課題認識・予防・教育・訓練を通じて、被害者と事件対応要員の生存率をできるだけ100パーセントに近づけることを目的としている。

この手引は、連邦政府職員が勤務する米国内のすべての建物・施設に適用できるように作成されている。これらの建物・施設には、既存の建物、新築物件、大幅に改築されるものも、国有施設、政府が今後買い上げる施設、賃借施設も、独立した施設も、連邦政府庁

舎のオフィスパークおよび構内の個々の施設も、特殊用途施設も含まれる。

　銃乱射事件には誰が巻き込まれるかわからないので、本文書には、法執行機関、施設に入居している機関、公衆を含め、事件に巻き込まれる可能性があるすべての人のための指針を収録した。銃乱射犯を制圧・逮捕または無力化するためただちに行動する権限をもち、そのために訓練されている警察官・警備要員が担う、いくつかの責務も、本文書に示されている。他の部分は、自分自身または他者の命を守るために取ることのできる行動について、施設入居者を啓発することを目的としている。

# 第2章　銃乱射事件対策の背景

　銃乱射事件は近年増えており、学校、職場、礼拝所、ショッピングセンター、集会、映画館など、さまざまな場所に集まる市民を巻き込んでいる。不幸なことに、こうした事件は、再発を防ぐための努力と事前の備えによって銃乱射事件のリスクを減らすことの重要性を示している。

　米国政府施設の保安に関する省庁間委員会（ISC）は、銃乱射犯を、人の多い場所で積極的に人を殺害しているか、殺害しようとしている人と定義している。そうした事件の過半数では銃が使用されているが、ナイフなど他の武器も、罪のない人に危害を加えるため使用されうる。加害者がどのようなパターンまたは方法で被害者を選んだのか、明らかでない事件が多い。銃乱射事件は動的であり、急展開する。犯人の攻撃的な行動を止めて、被害の増大を防ぐために、警察官をただちに配備することが必要な場合が多い。しかしながら、警察官が到着する前に終わる銃乱射事件も多いので、政府施設利用者や市民は、警察官が到着する前の状況に、心身ともに備えておく必要がある。

　警察など政府機関は、犯人像を描くために銃乱射事件の調査を続けている。どの事件にも共通するはっきりした犯人像はないものの、事件の可能性の手がかりとなりうる現象については、第5章「事前の備え」を参照されたい。早期の予防措置を有効に講じるためには、差し迫った危機の探知・管理・解決を目的として、銃乱射事件を継続的に調査しなければならない。優れた基礎資料としては、テキサス州立大学と連邦捜査局（FBI）が2014年に刊行した、『銃乱射事

件の研究、2000-2013年』がある。[5] その研究成果のまとめは、**表1**を参照されたい。

 ISC銃乱射事件作業部会の第一の任務は、連邦政府施設に入居している機関が、銃乱射事件に対する備えを強化するため参考にできる、一つのまとまった文書を作成することだった。本文書は、全米の州や自治体も活用できると考えられる。

 危機に対する米国の国家的な準備や計画は、2011年3月にオバマ大統領が署名した、大統領政策指令8号（PPD-8）「国家的準備体制」に基づいている。この指令は、天災、テロ、銃乱射事件その他の暴力事件の教訓に基づく、国家的準備体制に関するわれわれの理解の進化を反映している。

 PPD-8は予防・防護・減災・対応・復旧という5つの任務分野によって準備体制を特徴づけている。危機管理当局者も、連邦政府施設を担当する緊急対応要員も、これらの用語を理解している。各任務分野は、事件発生前の予防・防護・減災、事件中の対応、事件後の復旧という形で、時間の区切りと合致している。

 その一方で、予防・防護・減災が事件中に必要な面もある。たとえば、負傷の防止は事件の発生前も、最中も、終結後も必要である。また、事件が集結する前に復旧活動を始めることができるかもしれない。

 連邦政府施設の入居機関緊急事態計画と手順の作成・改定を担当する計画チームは、その作業を、銃乱射事件など敵対的な脅威に関する既存のプログラムや計画に編入するため、国家緊急時総合調整システム（NIMS）の概念と原則を用いるべきである。NIMSの要素である緊急時総合調整システム（ICS）は、事件の原因・規模・場所・複雑性にかかわらず、事態を管理するための標準的な方針を提供している。事件中にICSを使用することで、連邦政府施設は地元の初動要員と効果的に力を合わせることができる。[6]

## 第2章 銃乱射事件対策の背景

### 表1　銃乱射事件に関する研究成果のまとめ [7, 8]

| |
|---|
| 2000年から2013年の間に160件の銃乱射事件が発生した。 |
| 年間の平均発生件数は11.4件。調査対象期間のうち、前半の7年間は平均6.4件、後半の7年間は平均16.4件。 |
| 銃乱射事件は全米50州のうち40州およびワシントンD.C.で発生した。 |
| 全160件の死傷者は、銃乱射犯を除いて合計1043人。内訳は死者486人、負傷者557人。 |
| 全160件を死者が少ない順に並べると、死者2人の事件が中央に位置する。全160件を負傷者が少ない順に並べると、負傷者2人の事件が中央に位置する。 |
| 約60%の事件は、警察が現場に到着する前に終わっている。 |
| 64件（約40%の事件）は、銃乱射犯の自殺によって終わっている。 |
| 21件（約13.1%）は、非武装の市民が銃乱射犯を安全に取り押さえることで終わっている。注目すべきことに、このうち11件は学校の校長・教職員・学生・生徒が非武装で銃乱射犯に立ち向かい、脅威を終わらせている。 |
| 160件のうち45件（28.1%）では、事件を終わらせるために警察官が銃乱射犯を射撃しなくてはならなかった。この45件のうち21件（46.7%）で警察官が死亡または負傷し、9人が死亡、28人が負傷した。 |
| 事件の始まりから終わりまでに経過した時間が明らかになっている64件のうち、44件（69%）は5分以内に終わり、そのうちの23件は2分以内に終わっている。 |
| 5件（3.8%）は、法執行官以外の武器を携帯していた人が、銃乱射犯と銃を撃ち合って終わらせた。 |
| 銃乱射事件がもっとも多かった場所は、商業地（46%）、学校など教育の場（24%）、行政施設（10%）の順だった。 |

第1部　総合対策

　本文書には、計画とその実施にあたって採用すべき慣行や検討すべき事項の例も記した。ただし、連邦政府施設の危機管理担当者は、自分の施設と入居者にとって何が適切かを、上司の支持と地元の危機管理当局者および対応要員の協力の下、検討しなければならない。また、計画チームは国・州・自治体の法令に従って計画を立てる必要がある。

　銃乱射事件の課題認識を目的とするさまざまな文書やウェブサイトが公開されているので、対策の計画を作成・修正するために役立つリソースやリンクのリストを、第9章「銃乱射事件対策のリソースとひな形」に掲載した（訳注・本訳書では省略）。こうしたウェブサイトは常に進化しており、事件の教訓がもたらされるたびに更新されている。リストに挙げたリソースの内容はさまざまであり、過去の銃乱射事件の概観、研究の結論、犯人の背景の分析、凶器、事件の終わり方、訓練、装備、最適慣行を含む。個別の文書やウェブサイトをリストに挙げたことは、特定の文書・製品・方針を推奨していることを意味しない。他のリソースも同様に役立つかもしれないので、計画・手順を作成・修正するにあたって検討すべきである。

# 第3章　入居機関緊急事態プログラム
　　　　　への銃乱射事件対策の導入

　リスク管理プロセス、施設保安の評価、入居機関緊急事態プログラム（OEP）は、互いに支え合う関係にある。OEP は、緊急時に施設内とその周辺の人命と財産を守るための基本的な手順を制定するものである。[9]　連邦規則集は、OEP を備えることを連邦政府機関に義務付けている。[10]　入居機関緊急事態プログラム（OEP）には、施設保安計画（FSP）と入居機関緊急事態計画が含まれていなくてはならない。連邦規則 41 巻によれば、施設の指定された職員は、入居機関緊急事態プログラムの作成・実行・維持を行う入居機関緊急事態組織を設置し、職員を配置し、訓練する責務がある。

　銃乱射事件などが施設にもたらすリスクが事前に、そして正確に評価されれば、施設の保安責任者と指定職員は、現行の対策がそのリスクを軽減するのに十分なのか、それとも追加の対策が必要なのかを判断することができる。入居機関緊急事態プログラム、入居機関緊急事態計画（訳注・この両者の違いは脚注 11 参照。本訳書では入居機関緊急事態プログラムのみ OEP と表記する）、および施設保安計画[11]には、銃乱射事件やその他の緊急事態に関する施設保安評価に基づく、手続き上の対策、プログラム化された対策、および物理的対策が組み込まれるべきである。これらの対応計画は、施設内または隣接地で事件が起きた場合に職員が従うべき、個々の施設に即した対応手順を提供することによって、施設内の人員・財産その他の資産へのリスクを最小化することを目的としている。[12]

　2001 年 9 月 11 日の同時多発テロ以来、緊急事態に対応するため

の計画・方針・手順などの作成と実施を連邦機関に命じる、さまざまな大統領指令（訳注：大統領が行政権によって発する命令・宣言の総称。秘密のものを含む）や大統領令（訳注：法的効力のある大統領指令。奴隷解放宣言を第1号とする通し番号が付けられ、連邦官報に掲載される）が出されている。連邦政府機関は、銃乱射事件や職場暴力を防止するためのプログラムおよび計画を作成する際、入居機関緊急事態プログラム（OEP）、災害対応計画、業務継続計画のような既存の手引を使用することができる。OEPに含まれている他のさまざまな脅威や危険要因と同様に、銃乱射犯への対応計画でも、最終目的、目標、行動方針を策定しておくべきである。これらの計画は、OEPに補遺または機能別の付属文書として編入しておくとよい。たとえば、銃乱射事件の際の避難方法は火災からの避難方法とは異なるからだ。

　施設防護の考え方を、施設ごとの入居機関緊急事態プログラム（OEP）に取り入れておくと、職場暴力事件（銃乱射の場合を含む）の可能性を減らし、対応の効果を高め、死傷者を減らすことにつながる。ほとんどの職場暴力行為は、口頭または言外の脅迫・いじめ・いやがらせ、または致命的でない暴行の形をとる。しかしながら、物理的でない攻撃も、職場における身体的な暴力行為の前兆かもしれないので、各機関はすべての脅威を真剣に受け止め、適切に対処しなければならない。また、ほとんどの脅迫は暴力行為に至らないことにも留意しなければならないが、いかなる脅迫も、職場の安全を損なうので対処しなければならない。

　銃乱射事件は稀だが、その発生も起きる場所も予測不可能なので、連邦政府の保安職員および警察官にとって複雑な課題である。彼らが銃乱射事件を完全に抑止し予防することが理想だが、抑止と予防が失敗した場合には、入居機関の職員が、緊急時の手順と防御行動の知識を持ち、それを活用することが命を守ることにつながる。し

第3章　入居機関緊急事態プログラムへの銃乱射事件対策の導入

たがって、連邦政府機関が入居する区域で、緊急時に人命と財産を守る手順を記述した入居機関緊急事態プログラム（OEP）は、銃乱射事件の発生前も、事件中も、不可欠なツールである。

　銃乱射犯対策準備計画は、施設内外の利害関係者の意見を考慮したうえで作成しなければならない。施設内の利害関係者は、入居機関の幹部、警備要員、施設の所有者・運営業者・管理者、人事関係部署、危機管理要員、訓練関係部署を含む。外部の利害関係者は、地元の警察、救急隊、危機管理当局、消防組織を含めて考えるべきである。

　効果的な銃乱射犯対策準備計画は、以下の点を含む。

1）暴力をふるいそうな兆候のある人を未然に特定するために、施設入居機関の職員が取り得る手段。

2）銃乱射事件を知らせるための望ましい方法。知らせる相手は警察等のほか、施設にいる全員および施設に入って来る可能性のあるすべての人を含む。

3）どのようにして脅威を無力化し、人命を守るという目的を達成するか

4）個々の事務所や建物のための、避難、施設内退避、隠れる場合およびロックダウン（入退館禁止・室内退避）の方針と手順

　　○緊急時の避難手順と避難経路の指定（建物の見取図、安全な場所など）。主要な避難経路が使えない場合、どこへどのように避難するかを含む。

　　■計画の中で、施設内退避とロックダウンの手順を、両者の違いも含めて明確に説明すること。

　　○有効な「隠れ場所」の選び方

　　■隠れるうえで最適な場所は、鋼鉄製、軽量コンクリートブロック製、またはレンガとモルタルの厚い壁といった、銃撃に耐えられる「遮蔽物」があり、鍵のかかる頑丈な扉

第1部　総合対策

があり、ガラスや窓ができるだけ少ない場所である。こうした場所に、止血のための救急箱、通信機器、電話、脅迫状態警報装置（訳注：脅されて行動していることを通報するためのシステム。航空機や一部の現金自動預け払い機のように専用のパスワードを用いる場合もあるが、この場合はおそらく通報用のボタン）などの非常用品一式を備蓄しておくことができる。

■あらかじめ指定されている「避難所」は、たいていの場合、自然災害（地震・竜巻等）のために作られていて、銃乱射事件の際はあまり役立たないかもしれない。入居機関またはその本部は、賃貸施設を新たに選ぶ際、契約を更新する際、または庁舎を新築する際、パニックルーム（避難室）の確保を考慮すべきだ。パニックルームについては下記の解説を参照されたい。

○このような計画に関わる担当者は、すべての避難と避難経路が障害者にとって容易に利用できるようにしなければならない。

5）施設内の現場指揮官と外部の現場指揮官との対応計画の統合。
6）地元の緊急対応組織と病院の情報（名称、電話番号、施設からの距離）。内線番号や相手の氏名も含む。
7）どのように平常業務を復旧するか

手順が承認されたら、入居機関の職員は、緊急事態が起きる前に、訓練や演習を通して入居機関緊急事態プログラム（OEP）と銃乱射犯対応計画を熟知しておかなければならない。反復訓練と演習は少なくとも年1回実施すべきであり、できれば回数を増やしたい。建物ごとのリスク評価については、『連邦政府施設のリスク管理プロセス──省庁間保安基準』を参照されたい。[13]

第3章　入居機関緊急事態プログラムへの銃乱射事件対策の導入

## 3.1 課題

　連邦政府施設における銃乱射事件への備えと対応には、独特の課題がある。事件への対応計画を仕上げたり更新したりする前の段階で、政府機関・施設の職員は多くの潜在的な困難に立ち向かうことを覚悟しなければならない。課題の一部を例示すると、施設の大きさ、施設にいる人の数、保安のための既存施策、入居機関の任務、保育所の存在、機密情報と取扱注意情報の保護、公衆との関わり方（例・案内所、法廷、雑居施設）、構内環境、出入口周辺、多目的の場所（例・小売店）などがある。それぞれの場所には独自の課題があることを強調しておきたい。それゆえ、各施設の銃乱射犯対応計画は、その場所の特徴に合わせて立てることが大切となる。

　これらの課題に取り組むためには、施設管理者、警備部門、危機管理部門、入居機関の職員、そして連邦・州・自治体の警察の連携が求められる。連邦政府施設の入居機関は、米国政府施設の保安に関する省庁間保安委員会（ISC）のこの手引書を用いて、銃乱射事件に備え、リスクを軽減し、また、課題認識・予防・教育を通じて被害者と事件対応要員の生存率をできるだけ100パーセントに近づけることができる。

第 1 部　総合対策

# 第 4 章　事前の備え

　銃乱射事件に対するいかなるプログラムや計画においても、事前の備えは重要な要素となる。この節では、暴力の発生リスクを減らすために取ることができる手段と、暴力がふるわれた場合の影響を軽減する方法を主題とする。銃乱射犯への対応プログラムを含め、職場暴力の防止策はすべて、1970 年労働安全衛生法第 19 章と大統領令第 12196 号に記されている最低限の要件と、連邦規則 29 巻 1960 条に基づく基本的なプログラム要素を満たすべきである。

　2013 年の『全国銃撃複数殺傷事件対策サミット報告書[14]』は、大量殺傷暴力事件を防ぐための、必ずしも時系列でない 5 つの作業を割り出している。

・暴力行為を起こしそうな人を識別すること
・その情報を適切な関係当局へ通報すること
・暴力がふるわれる可能性を評価すること
・暴力がふるわれる前に介入して未然に防止すること
・その介入の経緯を文書化し、該当する法令や規則の範囲内でこの情報を広めること

　組織の内外に、以上の措置に役立つ協力者、プログラム、プロセスがないか、探してみるとよい。

　銃乱射犯には決まった犯人像はない。しかし、調査研究の結果は、犯行の前兆と考えられる現象を示している。施設・入居機関の職員は、銃乱射事件に発展しそうな不安定な状況の兆候を知っておくべきだ。職員一人ひとりが、組織内のリソースや外部の支援を用いて、事件を未然に防ぐための方法を積極的に探すことができるように、

権限を与えられなければならない。

　研究者は、過去の暴力犯罪者が攻撃前に示した行動に注目し、銃乱射事件を含む悲劇的な事件をより確実に発見・予防する方法を探してきた。一部の連邦政府機関は、標的型暴力事件の調査を続けながら、事件の「前兆」を特定しようとしている。過去10年間の事件から得られた教訓により、この種の事件が起きるしくみと予防する方法について、初動要員がより深く理解できるようになった。

　調査研究は継続中だが、過去の調査はきわめて有用な資料である。たとえば、FBI（連邦捜査局）が2002年に発表した職場暴力に関する論文は、暴力的な想念や暴力行為の計画を示す、懸念すべき問題行動を解説している。[15]　米シークレットサービス（USSS）、米教育省、FBIは、2010年に共同で刊行した『大学構内における攻撃——高等教育機関が影響を受けている標的型暴力』という報告書で、1900年から2008年までの間に米国の大学で死者を出した攻撃およびその未遂事件を調査した。[16]　この調査報告書は、犯人が攻撃前に取った行動に関する、以下のような重要な観察結果を取り上げている。

1）事件のうち31％で、懸念される行動を友人・家族・同僚・教授・警察が確認していた。そうした行動の一部を例示すると、偏執狂的な考え、妄想的な言葉、性格や成績の変化、規律違反、憂鬱感、自殺願望、具体的でないが暴力をふるうという脅し、いっそうの孤立、「おかしな」または「風変わりな」行動、武器や武器の入手への関心がみられた。

2）危害を加えると口頭または文書で脅迫した犯人は、全体の13％にすぎなかった。これらの脅迫は遠回しなものと明確なものとがあり、犯人が攻撃対象者に直接伝えたものもあれば、第三者に伝えたものもある。

3）事件の19％で、攻撃の前にストーカー行為や嫌がらせ行為

第 1 部　総合対策

　　が報告されている。これらの行動は、現在または過去の恋愛関
　　係の相手に対しても、学校その他の恋愛とは無関係な状況でも
　　起きている。行動の形は多岐にわたり、書面の送付（郵便と電
　　子メール）も電話もあり、攻撃対象者が嫌がらせを受けた場合
　　も、その友人や家族が嫌がらせを受けた場合もある。犯人は攻
　　撃の前の段階で、攻撃対象者またはその家族に対し、つきまと
　　ったり、自宅を訪問したり、財産に損害を与えたりしていた。
　4）犯人が大学で攻撃に出る前に、対象者を実力で脅かしていた
　　ケースは 10% にとどまる。これらの行動は暴行、武器による
　　脅し、親密なパートナーに繰り返し行われる身体的暴力、の形
　　をとっている。

FBI 行動分析班（BAU）など連邦政府の専門組織は、学校・職場・宗教施設などさまざまな環境で暴力に向かっていると懸念される人物について、行動に基づくリスク評価への支援を続けている。現在の研究、脅威評価に関する文献、および銃乱射事件の文献レビューと、行動分析班の広範な実例の経験を総合した結論は、察知することで攻撃計画を止められる可能性のある、目に見える攻撃前行動が存在するということだ。[17]　さまざまな前兆のチェックリストは、単独ではあまり役に立たないことが多いものの、FBI は警察や施設保安担当者がさらに調べて注視すべきいくつかの行動指標を特定した。そうした行動の例を以下に挙げる。

　1）自分が不当な扱いを受けているという怒りの増大
　2）不自然な形で、最近、複数の武器を入手した
　3）不自然な形で、頻繁に射撃など武器の使用・整備の訓練をす
　　るようになった
　4）不自然な形で、最近、爆発物に興味を示すようになった
　5）過去の銃撃事件や大量殺傷事件に、不自然な形で強い興味を
　　示す

6）攻撃に至るまでの数週間から数か月の間に、親しい人の死、恋愛関係の破綻、離婚、解雇などの個人的喪失を（現実にまたは認識上で）経験している

FBIがこれらの行動指標を特定するために調査した事件のほとんどは、犯人に暴力犯罪の前科がなかった。

秘密取扱資格申請者のプロフィールには、将来の心理的・行動的異常性の指標が含まれているかもしれない。このため、身元調査員や選別担当者は、資格申請者を審査中にそのような行動パターンが現れないか注意しなければならない。資格申請をただちに拒否するほど大きな問題ではなくても、潜在的な問題を示す疑わしい要素があるなら、そこを中心に追加審査をすることが求められる。審査によってわかったことは記録して、適切な担当者に報告しなければならない。

## 4.1 職場暴力の指標・前兆・事件を通報する

暴力事件の報告の手順は、暴力行為の種類と激しさの程度によって異なる。ほとんどの連邦政府機関には複数の報告手順がある。事件の性質、利用可能なリソース、保安部門や警察との連携の必要性に応じて、以下の人・組織が報告書の作成者または提出先となる。

1）事件を起こした職員の上司
2）事件を起こした職員の同僚
3）事件が起きた入居機関の保安部門
4）人事部署または雇用機会均等担当組織、性暴力対応調整組織もしくは同等の連邦政府組織
5）脅威評価チーム
6）入居機関の本部の適切な保安組織（秘密取扱資格審査部門やその審査委員会）

第1部 総合対策

7) 連邦防護局（FPS）
8) 地元の公立精神医療機関または精神保健危機介入組織
9) 地元の警察

連邦政府機関は、確立された報告の手順に加えて、身の安全や報復を心配している職員が（可能なかぎり）匿名で報告できるようにすべきである。報告の具体的な手順にかかわらず、暴力行為の予防と対応のプログラムを成功裡に維持するためには、各機関がすべての報告を調査し、必要であれば適切な措置を講じなければならない。ただし、被害届がない場合、捜査すべき犯罪がないと法執行機関が判断する可能性に、各機関は留意する必要がある。

正確かつ早期の報告は、タイムリーな介入を可能にするので、職場での無礼な行為やいじめが身体的暴力に発展する前に解決するのに役立つ。職場の人間関係の問題を報告する手順を作成し運用するのは、身体的な暴力行為を報告する手順を確立するのと同様に重要である。いじめ、言葉による嫌がらせ、サイバー暴力またはネットいじめ（電子メール、テキストメッセージ、ウェブページ等によるもの）、心理的暴力、感情的虐待、またはなんらかのドメスティックバイオレンスにあっていると感じている職員は、問題を報告する必要がある。これらの行動は被害者、職場環境、職員の生産性に悪影響があるからだ。職員に対しては、事件の詳細・日時・頻度を忘れないように、事件を文書化しておくことを推奨すべきである。

虐待を認知した人が早期に報告すれば、幹部は問題が深刻になる前に素早く対応し、解決することができる。職員がこの種の暴力行為を報告する場合、どの地位の幹部に報告するのかは、誰が暴力をふるっているのかによって異なる。もし直属の上司が加害者なら、被害者の職員はその一つか二つ上級の者に暴力行為を報告する必要がある。さらに、職員はこの種の事件の報告を奨励されるべきであり、報復を受けないことが保障されなくてはならない。カウンセリ

ングや報告など適切な措置を決めることができて、誰に事件が報告されるかも決めることができる者（ただし報告が上がるラインの外にいる者）に、職員が話をすることができるような制度が、まだない場合は、作ることを推奨する。

## 4.2 脅威評価チーム

人を狙って攻撃する者は、事前に特徴的な公然および非公然の行動をとることが、調査研究によってわかっている。たいていの政府機関は、そうした気がかりな兆候を識別・評価し、対策を講じるために、分野横断的な脅威評価チーム（TAT）を組織して使用することができる。脅威評価チームの目的は、政府機関内部の専門家（セキュリティ担当部署、監察官室、人事部門、法務顧問室等）を用いて、暴力の発生を防止することである。メンバーは、脅威に対策を講じ、暴力的な行動に立ち向かい、暴力の可能性の評価を手伝うことを任務とする。そのため、暴力の可能性を検討し、対策を計画し、準備を行い、情報を共有し、ときには行動に出る。複数の人が目撃した暴力の兆候が、孤立した事件として見逃されることのないように、脅威評価チームは協議を招集する。

その一方で、連邦政府機関は、目撃された行動などの事実情報に基づいて脅威を評価し、不公平なレッテル貼りやステレオタイプを避けなければ、公民権やプライバシーに関する連邦法と州法に違反することになる。

脅威評価チームの必要性は、2007年に32人が殺害されたバージニア工科大学銃乱射事件（バージニア州ブラックスバーグ）をきっかけに意識されるようになった。脅威評価チームを利用したいが自前で設置するほどの規模のない組織は、本省の支援を得るか、または、利用している政府機関と提携するとよい。

整合性と効率化を図るため、脅威評価チームは、連邦政府の該当する方針・慣行と調整のうえ、編成・実施しなければならない。メンバーが多様なほうが、効率的で有効性が高い傾向がある。メンバーは、人事・労働関係の担当者、セキュリティ専門家、管理職、医療・精神保健従事者、法務顧問、従業員支援専門家などで構成するとよい。[18] また、同じ政府機関の中に、職員のニーズを把握することを既に業務としている個人またはグループがいれば、脅威評価チームにとって、気がかりな行動に関する貴重な情報源となりうる。

脅威評価チームは、人を不安にさせるか脅迫的な行動を、職員・訪問者その他の者がとったという情報を検討する。脅威となりうる者の生活の、家庭・職場・社交・学業・近所といったさまざまな面について、全体的な評価と管理の方針を用いる。兆候や脅迫だけでなく、関連する行動の変化を総合的に分析する。問題を抱えた者の行動、各種のメッセージ、未確認情報、脅迫、セキュリティ上の懸念、家族問題、恋愛問題に関する情報を適切に考慮に入れる。対象者が交流する可能性のある、潜在的な被害者を割り出す場合もある。脅威となりうる者を割り出したら、脅威評価チームは、状況を解決するための行動過程を決める。警察の介入、カウンセリングまたは他の行動過程のどれが適切かは、具体的な状況による。

警察は、脅迫や人を不安にさせる行動が通報された場合、その評価を支援し、利用可能な連邦政府当局に対して迅速・秘密裏に連絡することができる。バージニア州クアンティコの米国暴力犯罪分析センター（NCAVC）には、犯罪者の行動に関するFBIの専門家が勤務しており、懸念のある人物に関する脅威評価分析に参加し、脅威削減戦略を立てるため、24時間対応している。脅威評価チームに加わっている警察官が地元のFBI地方局に連絡すれば、懸念のある人物の行動を分析するためNCAVCの支援を得ることができる。

FBIの地方局にはNCAVCの担当者がおり、脅威評価チームに協力して、NCAVCの上部組織である行動分析班（BAU）との連絡を調整する。連邦政府以外の団体が地元警察を通じて要請した場合も、FBIは支援する。分析の重点は、銃乱射事件を予防することであり、事件への戦術的対応ではない。早期の介入は、脅威を識別・評価・管理することによって、状況の激化を防ぐことができる。脅威評価チームは自らの機関の総務部門と協議し、こうした外部の支援を要請する際の手続を決めておくべきだ。

また、脅威評価チームまたは連邦政府機関の代表者は、地元警察との協力を通じて、施設に対する外からの脅威を理解し、適切な保安措置を共同で講じるべきである。

## 4.3 職員支援プログラム

仕事の業績に関わるような個人的問題に対して福利厚生ケアを行う、職員支援プログラム（EAP）を適切に実施し周知することは重要だ。EAPが機能しており、周知されている組織では、銃乱射事件への備えを含む職場暴力対策は大いに有効性を発揮する。EAPが機能している組織では、トップが職員に対し、EAPのサービス内容を思い出させて利用を推奨するメッセージを定期的に発信する。また、カウンセラーは、自分のことを知ってもらうために職員の会合に出席し、管理職・職員・労組担当者のために説明会やセミナーを行い、EAPのサービスは法律上の守秘義務で守られていることを職員が忘れないようにする。

EAPを十分に支援するためには、活発で頻繁な情報提供が欠かせない。EAPはドメスティックバイオレンス、ストレス解消、怒った顧客への対応といったテーマについて、ブックレットやパンフレットを配ったり、本やビデオを貸し出したりすることが多い。

『連邦政府の職場における暴力——予防と対応の手引』という国土安全保障省の文書も役に立つ。[19] 組織が改変される場合、早期にEAPを関与させることは、職場暴力を予防するうえできわめて重要である。職員に悪影響のありうる再編・リストラその他の改変に直面している組織は、EAPを通じて個別面談または会合を行うことによって、情報の流れを確保し、感情を制御して爆発を防ぎ、気持ちの建設的なはけ口を作り、職員の将来設計を手伝うことができる。

この章で記述されている訓練の多くは、EAPのスタッフが行う。たとえば、カウンセラーは、怒った同僚や顧客への対応、紛争解決、コミュニケーション能力などのテーマについて職員を訓練できる。EAPのスタッフは、職員の問題を上司や同僚が診断しないことが、いかに重要かを理解しているので、問題行動の早期発見と、暴力のおそれがあるというレッテルを人に貼ることの微妙な違いを説明することができる。EAPのカウンセラーは、問題が表面化したらただちに対処するように管理職を訓練することができる。

## 4.4 警察・消防・救急等との調整

連邦政府、州政府、自治体、インディアン居留地部族政府および準州政府の法執行官は、銃乱射犯への予防と備えの対応プログラムを作成するうえで大いに役立つ人材である。したがって、施設や入居機関の職員は、銃乱射事件その他の緊急事態に対応する地元の警察と、協定書を交わしておくべきかもしれない。警察官、消防士、救急救命士などと強固な連携を築いておくことには、構内放送設備、双方向通信機器、防犯カメラ、警報制御盤の配置をよく知ってもらうことが含まれる。また、ガス・水道・電気などの制御盤、医療物資、警察装備のある場所への経路も、同様に重要な情報である。初

動要員にこれらの詳しい情報を提供しておくと、彼らは緊急時に施設内を素早く動いて、安全を確認したり、困っている人を助けたりすることができる。

第1部　総合対策

# 第5章　訓練と演習

　訓練と演習は、緊急時に迅速・効果的に反応する能力を職員に与えるために最適の活動である。銃乱射犯の脅威を認識させて適切に対応させるための訓練の案を検討する際、連邦政府機関は、施設入居者にとってもっとも効果的な訓練の方法を、徹底的に検討して決めなければならない。その際、個々の施設の特徴も、入居機関職員のニーズや能力も検討することが求められる。

　まず、訓練の対象とする人々を調査してから、銃乱射事件のリスクが高いという前提の下に、彼らのニーズを評価すべきである。そのうえで、地域社会のリソースの活用を含め、事件に巻き込まれる可能性のあるすべての人々にもっとも有益な行動を立案することが求められる。火災避難訓練を定期的に行うのと似ているが、銃乱射犯の脅威について継続的に認識を促すことによって、実際に事件が起きたとき、素早く反応して生き残る可能性を上げることができる。訓練対象者は日常的にその施設にいるか訪問する人々として、警備要員、警察官、施設によく出入りする一般市民を含める必要がある。そうした訓練に参加する機会は、銃乱射事件中に施設へ来援する可能性の高い、外部の緊急対応要員にも拡大されるべきだ。

　訓練の対象となる個々のグループには、それぞれ独特の訓練のニーズがある。たとえば、一般市民は、正式な訓練に参加する可能性は職員より低いものの、ポスター、パンフレット、ラジオ・テレビの短いお知らせなどを通じて、もっとも重要な情報に触れることができる。施設・入居機関の職員には、説明会や銃乱射犯対処訓練への参加が有効である。常駐する警察官・武装警備員および外部の緊

急対応要員には、シナリオに基づく実践的な訓練を行い、玄関・出口・構造など施設の特徴を知り、施設内の保安部門の能力を把握しておくことが役に立つ。

銃乱射犯対策準備計画は、訓練プログラムの作成に用いられる基本的な文書と位置づけるべきである。まだ準備計画がない場合、ニーズの分析を通じて得られる情報が、計画を立てるうえで役に立つ。

ニーズを絞り込んだら、他の機関が行っている訓練プログラムを調査し、適切な訓練がすでに行われていないか判断する必要がある。訓練のニーズは、たいていの場合、連邦緊急事態管理庁（FEMA）や連邦法執行訓練センター（FLETC）の既存のプログラムで満たすことができる。また、民間の企業・団体も訓練コースを提供している。

時として、調査の対象とする人々が特異であるために、まったく新しい訓練手段の開発や、既存の訓練手段の改良が必要になりうる。内部の人材で対応できない場合、外部の経験豊富な訓練計画のプロを活用することになる。

## 5.1 訓練教材と課題認識のための資料

訓練内容を対象者に伝えるもっともよい方法は、いくつかの要因によって決まる。講師による訓練は、他の方法よりも規則的で、コースの期間中、参加者を時間的に拘束することになる。スケジュールの調整がつかなかったり、出張しなければ参加できなかったりする訓練対象者には、ウェブサイト等を用いたオンライン教育が適切な代替手段になる。

ポスターなど視覚に訴える教材は、学習のポイントを説明するうえで効果的なので、施設の目につく場所に掲示しておくとよい。このようなリソースは、入居機関職員に訓練プログラムの目的を思い

出させ、重要な情報の記憶を助け、銃乱射事件の現実的可能性を肝に銘じさせることができる。

銃乱射事件に対する訓練ビデオ『逃げる、隠れる、戦う』は、ヒューストン市役所公共安全・国土安全保障室が、米国土安全保障省の助成を得て企画・制作した（詳しくは第1章「事件対応」(14p) を参照）。この6分間のビデオ[20]は、複数の連邦政府機関が推薦しているもので、職場における銃乱射事件が予測不能であり、発生後の展開がきわめて急激であるという実態を、リアルに描いている。このビデオの目的は、一般市民が銃乱射事件に備えられるように、事件中に取るべき行動を実演してみせることである。銃乱射事件の多くは突発的に起こり、急激に展開するので、日頃の準備が欠かせない。この準備のもっとも重要な要素は、生き残る可能性を最大にするための訓練と計画である。

ただちに利用できない情報は、行動に役立てることができない。たとえば、視覚または聴覚による合図や指示（ポスター、サイレン等）は、それを見たり聴いたりできる人にしか役に立たない。聴覚や視覚に障害のある人々が、こうした手段で伝達される情報を利用できる見込みは低い。情報伝達のツール、手法、リソース、手順などに関して、各地域の米国障害者法センター、州知事の障害者諮問委員会、市長のタスクフォース、自立生活センターといった地元の障害者事業体と提携すると、移動能力やその他の機能の面でさまざまなニーズのある入居機関職員や訪問者が、銃乱射事件を生き延びる可能性を高めることができる。

## 5.2 施設入居者による自助と応急処置

負傷者ができるだけ早く医療を受けられるようにするため、施設・入居機関の職員には、基礎的な止血法の訓練を受けさせるとよ

い。この訓練には、即席で包帯を作る方法と直接圧迫止血法を含めるとよい。止血帯は、人命救助に有効ではあるが、銃乱射事件の現場ですぐに専用の製品を入手できる見込みは低い。それゆえ、施設・入居機関の職員を対象とする訓練には、止血帯を使う状況、即席で止血帯を作る方法、その正しい使い方を含めてもよい。

## 5.3 救急医療要員（消防・救急）の検討事項

先に述べたとおり、施設・入居機関には、消防署や救急隊などのあらゆる緊急対応組織と一体で銃乱射犯対策準備計画を調整することを、強く推奨した。救急救命士はすでに、銃乱射事件の負傷者を手当てするための訓練を受けている可能性が高い。銃乱射事件が終息するまで、現場の施設・入居機関は消防・救急と協力する必要がある。それゆえ、施設・入居機関の計画が、消防・救急の訓練および事件対応と矛盾することがないように、職員は消防士と救急救命士がどのような訓練を受けており、どのようなリソースを利用できるのかをよく知っておくことが重要である。

銃乱射事件に出動する可能性のある消防署や救急隊は、負傷者を手当てしたり受け入れたりするため、十分な訓練を受けておくべきである。初動要員はおそらく、待機している救急車へ事件現場から安全に移動する方法、現場付近から救急車が退出する道を確保する方法、複数の負傷者がいる場合に移送先を判断する方法について、さらなる訓練を必要としている。可能なら警察当局とともに、そうした訓練プログラムを作成し実施すべきである。

## 5.4 演習

ほとんどの連邦政府施設は火災避難訓練を実施しており、竜巻に

ついても防護対策を講じているが、銃乱射犯対策訓練を行うことははるかに少ない。銃乱射事件に備えるため、各施設は入居者や保安要員に対して、何が起きると想定し、どのように対応するかを訓練しなければならない。訓練の1コマが終わるたびに、教室またはオンラインで学んだ内容を、現実的な演習で補強することが欠かせない。

演習の内容は、それぞれの機関が独自のニーズに合わせて策定すべきものであり、銃乱射事件の被害を減らす取り組みに関わるすべての人々を含める方法で実施しなければならない。身体障害等のため移動能力やその他の機能に特別なニーズのある人々を、演習の全段階の策定作業に参加させるべきである。なぜなら、彼らは自分たちの障害とニーズの専門家であり、彼らの人生経験は、どのような演習シナリオにも現実味を与えてくれるからだ。

演習の段階としては、概念設計/開発、試行/目標設定、実施、評価、演習内容の修正、継続的実施、演習内容の再度の評価・修正が含まれる。

警察官など初動要員も施設の保安チームも参加するように演習を計画することが望ましい。事件現場で密接に連携しなければならないパートナーとともに演習することは、誰もが自分の役割だけでなく、現場における他組織の人々の役割もよく知っておくために、有効で効率的な方法である。

演習中に参加者が施設全体を歩き回って点検する時間を設けると、警察官は避難所の配置について意見を述べ、施設内の危険区域（MRI＝核磁気共鳴画像装置や放射線管理区域）について知ることができる。また、初動要員は避難所の位置、避難経路、（移動能力の障害等のため）避難できない人がいそうな場所などを把握することができる。施設側は、事件で重体になった人を手当てする方法を検討し、銃乱射犯対策準備計画に反映させなければならない。

## 第5章　訓練と演習

　演習には多くの種類がある。まず、セミナーや机上演習など、話し合いを中心とする演習がある。その後の段階では、複数の組織の人員と装備を用いた、活動を中心とする演習を経て、実動演習も可能になる。演習は、施設入居者全員を参加させるようにも、周辺地域の緊急対応組織を含めるようにも、対象を施設・入居者の一部に限るようにも計画することができる。銃乱射犯対策の演習は、事前に告知すべきである。演習プログラムでは、以下の事項に留意するとよい。

1) 支援が必要な避難者のためにあらかじめ指定した集合場所
2) 利用できることが確認された非常口
3) 全職員を特定の集合場所（複数）へ参集させる訓練
4) 警報と通報の決められた手順
5) 必要とされている通信能力
6) 安全管理者または保安要員を補助する能力のある、救急救命・法執行・消防などの資格を保有している職員を、必要に応じて把握しておくこと

実際の銃乱射事件の内容を予測することはできないので、いくつかのシナリオを検討しておくべきである。演習活動からのフィードバックは、立案した計画の問題点を洗い出し、計画と訓練の両方を改善するために役立つ。銃乱射犯の脅威を演習参加者の心に鮮明に残しておくため、演習は繰り返し行われるべきであり、被害を軽減するための最新の技術と、銃乱射犯対策準備計画のいかなる変更も取り入れていく必要がある。演習計画の策定と実施に関する情報は、FEMA の独習（IS）プログラムから入手することができる。[21]

　演習の計画と実施に役立つ FEMA の独習科目には、次のものがある。

・IS-120.A：演習入門
・IS-130：演習の評価と改善計画

第1部　総合対策

・IS-139：演習計画の策定

　入居機関緊急事態プログラム（OEP）の演習を計画するための作業には、以下の段階がありうる。
　1）第1回計画立案会議
　2）会場選定
　3）中間段階の計画立案会議
　4）高度なICS（緊急時総合調整システム）の研修会
　5）犯罪現場保存に関するセミナー
　6）最終計画立案会議
　7）コントローラーと評価者に対する状況説明
　8）演習の実施
　9）コントローラーと評価者による報告会
　10）事件からの復旧の机上演習
　11）事後検討会と教訓の追跡調査

# 第6章　復　　旧

　銃撃犯が無力化されるか逮捕されて脅威がなくなり、警察が負傷者を避難させたら、入居機関の人事部門と管理部門のどちらかまたは両方が、地元の警察や救急隊と連携して、事件後の評価や活動に従事しなければならない。それには次のような作業がある。

1）一つの集合地点を指定して、健在な人を集め、死傷者の情報も集めて、行方不明者やさらなる負傷者がいないか確認すること。
2）施設にいて避難しなかった人の安否・所在を、初動要員と協力して確認すること。
3）銃乱射事件に巻き込まれた人の家族へ連絡するもっともよい方法を決めること。死傷者が出た場合は、その家族への連絡は警察と調整すること。
4）事件現場にいた人々の精神状態を評価し、状態に応じて適切な医療専門家の診察を受けるよう勧めること。
5）組織の任務に欠かせない機能が確実に遂行されるよう、業務継続計画を実施すること。
6）いつから通常業務を再開するかを含め、移行計画を決定すること。

　銃撃犯が逮捕されるか無力化されたときから、現地は犯罪現場として捜査が行われることに、よく注意してほしい。負傷者の手当てに必要なものを除いて、何も手を触れてはならない。施設が犯罪現場になった場合の影響について、あらかじめ地元の警察と話し合っておくべきだ。

第1部　総合対策

　施設管理者と主要な職員は、長期間にわたって展開する状況に備えて計画を立てておく必要がある。多数死傷事故・事件または施設内の災害についての対応計画をあらかじめ準備しておき、銃乱射事件後に実施すれば、事件後も続く状況を管理するのに役立つ。そうした計画の中では、警察と初動要員が現場を十分に捜査して片付けることができるように、また、業務に入れる程度にまで施設を復旧するために、日常の活動を変更することもあるだろう。

　被害者と家族を支援するための訓練を受けた職員を、入居機関緊急事態プログラム（OEP）で指名しておくべきだ。OEPに含むべき被害者支援の一つは、被害者の状態を適切に評価するための訓練を受けた事件対応チーム（初動要員を含む）を設置し、事件の直後から復旧の取り組みが終わるまで、精神保健などの支援を行うことである。緊急事態が発生したら、このチームは州・連邦政府のリソースと統合して活動する。

　連邦法および州法は、犯罪被害者のケアを義務付けているので、被害者と家族を支援するため、あらかじめ一定規模のリソースや手続が、州政府機関、司法省、FBI被害者支援室に準備されている。被害者・家族専用の無料電話サービスのような、これらの資源について、銃乱射事件に対応する当局者があらかじめ知っていれば、被害者・家族・施設職員など事件の影響を受けた人々に対して、役に立つ情報を速やかに提供することができる。

## 6.1　家族との再会

　被害者をただちに家族のもとに帰せない場合、タイムリーで正確で相手の要求に関連した情報を、家族に提供することがもっとも重要となる。自治体または広域連合の多数死傷事故・事件対応計画では、家族支援センター（FAC）を設置して、家族による被害者の安

否・所在の確認を支援することが規定されている場合がある。この家族支援センターは、メディアの目に触れたり、取材攻勢を受けたりしない場所に設置し、被害者の家族と銃乱射犯の家族は隔離すべきである。家族支援センターの場所は、現場指揮所から離れているべきだが、家族が締め出されたと感じるほど遠くならないように注意が必要だ。

　家族に被害者の情報を長時間提供しないで待たせると、被害者家族のストレスと欲求不満を高めるだけでなく、グループ全体をどんどん感情的にしてしまうことがある。生き残った被害者の感情的・心理的要求に備え、対処する方法は、次節「心理的応急処置」で解説する。家族が再会する際、未成年者が関わる可能性のある場合（たとえば保育園児や病院の小児患者）は、児童引渡し手続を適正に実施することがきわめて重要となる。児童の引渡しを受ける権限のない人には、善意の人であっても、絶対に子供を引渡さないための措置である。[27]

　被害者家族と信頼関係を築き、状況をコントロールできているという自信を与えるためには、次の方法が役立つ。

1）被害者家族の心を乱す要素やメディア・公衆から離れているが、現場の子供や家族（被害者）とのつながりを実感できるくらいの距離に、安全な場所を確保すること。
2）新しい情報がなくても定期的に情報提供すること。家族が被害者と再会する際に何を予期すべきかを、対面して伝える準備をしておくこと。
3）言葉の壁がある人や難聴者を含め、すべての被害者家族と効果的に意思疎通できるように、通訳などの便宜を図ること。

　被害者が行方不明か負傷・死亡したため家族と再会できない場合、その情報をいつ、どのように家族に提示するかはきわめて重要である。入居機関緊急事態プログラムを策定するチームは日頃から、い

第1部　総合対策

つ、誰がどのようにして被害者の行方不明・負傷・死亡を家族に伝えるのか、決めておかなければならない。ただし、犯罪に関連する死亡の近親者への告知は、警察が主導することに注意する必要がある。そうすれば、被害者の家族は正確でタイムリーな情報を、思いやりのある方法で受け取ることができる。

　法執行と検視の手続の範囲内で、正確な情報をできるだけ早く被害者の家族に伝えなければならない。人が殺された場合は、法医学的な捜査および被害者の身元確認のため、現場の保存が重要であることを家族に説明しなければならない。遺体の身元確認と引渡しをいつできるのかについて、守れない約束をすることは避けたい。被害者家族にただちに面会することができる職員を訓練しておいて、死傷者の状態について被害者の家族に話すことができるようにしておけば、確かな情報を思いやりのある方法で伝えることができる。被害者家族をただちに支援できるように、事件発生後に専門家を待機させるべきである。

　入居機関緊急事態プログラム（OEP）には、連邦政府の被害者支援カウンセラーや警察などの、被害者家族を支援する機関の連絡先を記しておく必要がある。事件発生後は、被害者の安否がまだ一人も確認されていなくても、できるだけ早くこれらの連絡先を被害者家族に伝えるべきだ。すべての被害者の家族が、必要な支援を、長期的なものを含めて受けていることを確認しなければならない。

　緊急事態の途中およびその後に、被害者の家族に現れる可能性があるさまざまな反応に関する、年齢にふさわしい（訳注・たとえば児童には児童向けの表現の）印刷物等のリソースがあれば、彼らは自分たちの反応を理解し、支援を求めることができる。入居機関緊急事態プログラムを策定するチームは、このリソースを準備するとよい。肉親の死を悲しみ、遺された者で支え合う家族に対する支援をおろそかにしてはならない。

さらに、入居機関緊急事態プログラムには、メディアの取材を受けないことを望む家族を支援する方法も明記する必要がある。これは緊急事態が続いている間、取材陣を家族・職員から隔離する方法や、希望に反してメディアの注目が自宅に及んだ家族への支援を含む。

## 6.2 心理的応急処置

暴力とストレスの心理的影響に対する手当ては、組織の復旧の重要な側面である。心理的応急処置（PFA）は、災害またはテロにあった直後に、あらゆる年齢層の人の回復を助けるため、精神医療従事者と災害対応要員が用いる、エビデンスに基づいた、モジュール化された取り組みである。心理的応急処置は、心の傷となるような出来事に起因する初期の苦悩を和らげ、また短期的・長期的な適応機能と対処力を養う目的で考案された。

心理的応急処置は、災害やテロの生存者全員が精神衛生上の問題をきたしたり、長期的に回復が難しくなったりするという前提には立っていない。むしろ、災害等の生存者を含め、そうした出来事に影響を受けた人は、さまざまな初期反応（たとえば身体的・精神的・行動的・霊的なもの）を経験するという理解に基づいている。一部の初期反応は、人が経験に順応しようとする力を妨げるほどの苦悩を引き起こすことがある。やさしい心遣いに満ちた災害対応要員からの支援は、回復を助ける効果が期待できる。

心理的応急処置は、組織的な災害対応の取り組みの一環として、精神医療従事者やその他の災害対応要員が、被害を受けた子供・家族・大人に初期の支援として行うために考案された。そうした支援者は、さまざまな対応組織に編入されて派遣される可能性がある。それらの組織は、初動要員チーム、緊急時総合調整システム（ICS）、

一時医療および災害医療、心的外傷カウンセリング・チーム、宗教的奉仕活動組織、地域危機緊急対応チーム（CERT）、医療予備隊（MRC、訳注・地域社会の公衆衛生を目的として医療従事者等で構成され保健福祉省準備・対応担当次官補室が後援しているボランティア組織）、シチズン・コー（訳注・災害およびテロからの復旧を支援するために市民を訓練する国土安全保障省の事業で、CERT や MRC を含む）、国防総省災害精神衛生対応チームなどだ。

心理的応急処置には、次の基本的な目標がある。

1) 押しつけがましくない思いやりのある態度で人間関係を確立する。
2) 速やかに安全な状態を創り出して持続させ、物理的・精神的な心地よさを提供する。
3) 事態に圧倒されていたり、取り乱したりしている生存者を落ち着かせて、状況を認識させる。
4) いますぐ必要なことと懸念していることを、生存者が具体的に話し合い、適切な追加情報を集められるように支援する。そして、当面の必要と懸念を被害者が解決できるように、実用的な支援と情報を提示する。
5) 生存者をできるだけ早く家族・友人・隣人などの社会的支援のネットワークにつなげる。
6) 生存者の事件後の日常生活への順応を支援し、変化への対処の努力と発揮した力を肯定的に評価して、自信を持たせる。生存者が自分の回復に積極的に取り組めるよう、大人も子供も家族も励ます。
7) 生存者の精神的ショックの克服に役立つと思われる情報を提供する。
8) 適切な場合、生存者を災害対応チーム、地元の復旧組織、精神保健サービス、役所等に紹介する。

## 第6章 復　旧

　精神医療従事者やその他の災害対応要員が、心理的応急処置を求められる可能性のある場所は、以下のように多様である。

1）一般の避難者のシェルター
2）身体障害等のため移動能力やその他の機能に特別なニーズがある人々のシェルター（訳注・日本では福祉避難所）
3）医療救護所と救急医療トリアージ区域
4）救急医療施設（たとえば病院の救急科）
5）初動要員や交代要員の集結地点や休憩所
6）危機管理センター（EOC）
7）悩み相談電話または事件を受けて設置されたコールセンター
8）仮設食堂
9）被災者支援センター
10）家族受け入れ・支援センター
11）被害者の自宅
12）事業所
13）地域社会におけるその他の場所[28]

## 6.3　心理的応急処置の訓練

　心理的応急処置の訓練は、対面でもオンラインでも行われている。オンライン版[29]は広く用いられており、受講者に災害後の現場で心理的応急処置を行う役を演じさせる、6時間の対話型の講座だ。この講座は心理的応急処置のプロがナレーションをしており、心理的応急処置の基本的な目標について学ぼうとしている災害対応初心者にも、復習を希望するベテランの実務者にも向けられている。内容は、新味のある学習活動、実演ビデオ、全米の心的外傷の専門家の助言と生存者の証言を特集している。また、このオンライン講座は、参加者が現場で実践した経験を共有し、災害時に助言を求め、

さらなるリソースや訓練を得られる学習コミュニティの入口でもある。

『心理的応急処置の現地活動の手引』[30] は、心の傷となるような出来事の直後に生存者を助けるため、生存者の成人・家族、初動要員、災害救援要員、心的外傷カウンセラー、ボランティアを対象とした情報を提供している。この手引は、困っている人への近づき方、話し方、落ち着かせる方法、情報の集め方など、心理的応急処置を行うための重要な手順を記述している。その付録には、心理的応急処置を行う場所・環境および援助者へのケアに関する情報、ワークシート、配布資料が収録されている。

「PFA モバイル」という携帯電話用アプリは、災害や緊急事態のあとで成人・家族・子供に心理的応急処置を行う要員を支援するために公開されている。内容は『心理的応急処置の現地活動の手引』第2版を使用している。[31] このアプリを使うと、以下のことができる。

1）心理的応急処置（PFA）の8つの基本的な活動（前述）に関する簡潔な文章を読むことができる。
2）生存者の具体的なストレス反応に適合する心理的応急処置の方法を探すことができる。
3）現場で心理的応急処置を実施するための確かな助言を得ることができる。
4）心理的応急処置を行う準備ができているかを決めるために自己評価を行うことができる。
5）生存者のニーズを評価・追跡することによって、データ収集や専門医への紹介を簡単にできる。

## 6.4 被害者と家族への支援の管理

　被害者と家族への支援は、重大事件への対応全体を成功させるためにきわめて重要である。対応は、事件中・事件直後の対応、事件後から日常への移行期、危機終結後の支援といった各段階を通じて、当局の事件対応および捜査活動と調整されているか確認しなければならない。大量死傷事件において何が課題となるかは予測できることであり、現実的な解決方法がある。事件対応の期間を通じて被害者と家族に円滑な支援を提供するためには、現地のリソース（訳注・官民の組織）との連携が欠かせない。

　大量死傷事件への対応全体の良し悪しは、主として被害者と家族への対応で判断されるのであり、被害者・家族・目撃者に対して信頼、協力的姿勢、敬意を示しているのかが問われることになる。対応計画は常に、被害者と家族のニーズおよび状況の変化に応じて調整しなければならない。被害者と家族への支援を管理するうえで検討すべき事項には、以下のものが含まれる。

1）情報共有
2）被害者の身元確認
3）家族対応管理チームの準備
4）広報・通信の計画
5）リソース（対応組織間）の調整

　より詳しくは次ページの「付録A　被害者家族への支援の検討事項」を参照されたい。

第 1 部　総合対策

## 付録A　被害者と家族への支援の検討事項

　成功したといえる事件対応には、適切な人、適切な計画、適切な優先順位という要素がある。

　まず、適切な人を参加させる必要がある。対応要員はサービスを直接提供するだけでなく、管理・調整する。対応要員に必要なのは、被害者や家族の問題とニーズを理解し、資源を取得して適用する能力である。被害者・家族への支援は、経験のあるサービス提供者が適切に行うべきだ。法執行機関は、被害者支援のための人や資金などの資源を必ずしも備えていない。被害者支援プログラムがない場合、地域社会にどのような資源があり、協力相手がいるのかを知っておくとよい。

　適切な計画を備えるためには、経験知と最適慣行に基づく被害者支援が、事件対応計画に統合されていなければならない。この計画には、すべての関係者を含めることが重要だ。さまざまな内容と規模の事件に適応できる計画を立てなければならないが、演習を行うと計画の改良に役立つ。

　首尾よい事件対応の第三の要素は、適切な優先順位である。被害者のニーズに、よいタイミングで、思いやりをもって、プロフェッショナルに応じることを優先することがカギとなる。対応要員が被害者支援に携わる理由を忘れてはならない。組織のトップは、この優先順位を体現する必要がある。被害者支援を主導する機関は、窓口または監督者を決めて、協力相手と計画・調整しなければならない。

　首尾よい事件対応は、捜査にとっても業務継続にとっても有益である。被害者と家族は、政府機関が積極的に支援し、資源を提供するほど、協力してくれる傾向がある。政府機関が被害者と家族を支援していることが知られれば、被害者や目撃者を新たに識別し、居

付録A　被害者と家族への支援の検討事項

場所を割り出し、連絡するためにも役立つ。また、支援計画を通じて、被害者との双方向の情報の流れを確保することもできる。

　どの事件にも独特な要素があるといっても、すべての事件対応には、予測可能な共通の要素がある。被害者に必要なのは、正確でタイミングのよい情報と、支援システムである。そのニーズを満たすことができるかは、計画と準備によって決まる。警察と被害者・家族は、情報の収集・提供のためのブリーフィング、聞き取り、捜査経過の報告などの場で接することになる。被害者（遺体）の身元確認の場でも、警察と被害者（生存者）・家族が向き合うことになる。これには、被害者が事件前に残した指紋等のデータの収集と、行方不明者の捜索願の受付を含む。警察と家族がさらに重大な関係をもつのは、死亡通知と遺品の管理においてである。被害者の遺品は、証拠物件となるものとならないものに分かれる。

　以下では被害者・家族への支援にあたって発生することが予測される課題を検討する。

### 被害者の身元確認

　法律は被害者を幅広く定義している場合が多い。事件の被害者には死者、行方不明者、歩行できない負傷者、歩行できる負傷者のほか、無傷の目撃者も数えられているかもしれない。航空機の乗客のように構成員が決まっている集団では、被害者の身元を確認して家族に知らせることは比較的容易となる。対照的に、構成員の決まっていない集団が被害にあった場合、被害者の数は未知であり、行方不明者リストから生存者と死者を除いていくことになり、そのためには遺体（欠片を含む）の身元を確認する必要があるので、時間がかかる。被害者の死亡を近親者に伝える場合、伝達者のストレスを軽減するモデル（方法）を採用するとよい。多くの事件では、さまざまな背景の人が被害にあっているので、負傷者のほか、文化・言

葉の壁、外国人、その他の特別な支援を要する被害者・家族に備えた計画が必要となる。

被害者の身元確認には実用的な方法がある。一般的に、被害者の身元を確認する法的責任は警察にある。このプロセスは現場で始まる。家族に過大な期待を抱かせないことが重要なので、捜査のために現場を法医学的に取り扱うことの重要性を丁寧に説明し、正確に身元確認を行える条件を確保しなければならない。遺体がかなり損傷していることを、遺族に伝えなければならない場合もありうる。

やがて、身元不明の遺体の数と、行方不明だと家族が言っている被害者の数が一致するようになる。そのときは早めに対応するほうがよい。これらの家族には、死者数、身元確認に必要な作業、それに必要と推定される時間について、現時点でわかっていることを「暫定的」に知らせてよい。いつまでに身元を確認して遺体を引き渡せるのかについて、守れない約束をすることは避けたい。

もっとも正確で効率的な身元確認プロセスを、監察医と協力して決めることを強く勧める。身元確認のため、被害者の事件前の状態に関する情報を家族から聞き取るときは、被害者支援の専門的訓練を受けた人が伴う必要がある。遺体写真を家族に見せることはできるだけ避けたい。誰が被害者の死亡を近親者に知らせるのか（監察医か警察官か）、管轄権をもつ当局に確認すること。死亡通知は、被害者支援サービス提供者を含むチームが、一定のモデルに基づいて行うべきである。身元確認や死亡通知がどのように行われるかは、家族に重大な影響があるので、家族と当局者の関係や、対応機関に対する認識に影響することになる。

### 被害者・家族の反応への対応

国家運輸安全委員会（NTSB）の推定によると、事故による行方不明者1人あたり8～12人の親族が現場へ向かっている。被害者

のなかには、親、継親、疎遠になった人などを含む複雑な家族構成の人もいるかもしれない。被害者の家族のなかには、現場へ来られないが情報と支援を与えるべき人も必ずいる。行方不明者・死者・入院者といったさまざまな被害者は、必要な資源とサービスが異なる。やがて、被害者・家族は持ち物の引渡しを求めるようになる。遺品は死者が最期に触れていた物なので、死者との物理的なつながりを求めている遺族にとって特別に重要である。

　被害者・家族の反応への対応にも、実用的な方法がある。管理チームがしっかりしており、団結していれば、被害者・家族への対応が円滑に行われ、資源が調整されて最大限確保され、上級者に報告が行われるように対応組織を動かすことができる。どの機関が管理チームに代表を送るのかは、事件前に決めておくべきだ。

　事件後に被害者・家族支援センターが設置されることが多い。一般的に、家族支援センター（FAC）は、事件直後から被害者全員の身元が確認されるまでの間、行方不明者と死者の家族を支援することを目的としている。FACは葬儀・埋葬が終わるまで必要かもしれない。

　現場へ来られない家族には、電話会議やウェブサイトを通じた支援も必要となる。全米にFBIが配置している被害者専門家は、要請を受けると、現場から遠くにいる家族に対する通知・支援を手伝う。

　被害者・家族への対応計画は、あらゆる種類の被害者と、複数の支援提供拠点を含むべきだ。被害者・家族のニーズには、全員が必要とする情報提供や緊急支援もある一方で、死者の遺族と入院者の家族など、立場によって異なるものもある。被害者のニーズと、それに応じる責任は、次のように連続的に変化していく。

　1）事件直後の段階
　2）被害者の身元を確認し、初期の情報と支援を提供する段階

3）被害者・家族の安定化を支援するサービスへ移行する段階
4）長期化する捜査（場合によっては容疑者の訴追）に伴う長期的な情報提供と支援の段階

さらなる検討事項は、子供、障害者、老人、言葉の壁のある人といったさまざまな被害者・家族である。銃乱射犯が自分の家族を殺害した場合、遺された家族に対応するため、別のプロセスが必要となる。彼らに思いやりをもって支援すれば、より協力を得られるかもしれない。

### 広報

広報、とりわけ被害者、家族、対応要員、サービス提供者との意思疎通は、有効な対応のカギである。危機管理センター（EOC）には家族・友人・一般市民から電話が殺到して、機能が妨げられるかもしれない。被害者・家族には公式情報をできるだけ早く、メディアより先に与えなければならない。

広報の課題にも実用的な対処方法がある。

1）事件前に、家族・友人・一般市民からの電話を受け付けるホットラインの電話番号を決めておく。
2）ホットラインにどのように人を配置するのか決める。連邦政府機関は、プロが応答するクライシス・コールセンターを司法省の資金で設置するのがよいだろう。
3）被害者に関する重要な情報を被害者・家族に伝えるため、被害者支援を主導する機関と EOC が調整・連絡していることを、確認する。
4）正確な情報を被害者・家族に提供する。憶測を避ける。完全・具体的な情報を現時点で提供できない理由を説明するのはよい。とくに、正確で徹底的な身元確認・検視・刑事捜査に時間がかかる場合はそうだ。

5）被害者・家族には痛ましいことを含めて真実を知る必要があることを尊重し、その情報を、思いやりと支える姿勢をもって提供する。被害者の情報は、被害者のプライバシーを尊重しつつ適切に提供する。家族支援センター（FAC）は、プライバシーと支援を得られるので、たいていの現場ではブリーフィングに最適な場所である。メディアの取材拠点を確保する場合は、家族が望まない接触を避けるため、FACと離れた場所にする。
6）事件後に時間が経った段階では、進行中の捜査の結果などの情報を適切に提供するため、被害者・家族とのコミュニケーションの正式な体制を整える。そのために政府機関内部および他の警察・対応組織と被害者・家族の問題を協議し、省庁間協力を図るためには、ロー・エンフォースメント（法執行）オンラインというツールが役に立つ。

### 資源の調整

被害者・家族が集まる場所には大勢の「支援者」や支援物資が現れるが、ほとんどは不要・無用である。被害者・家族は突然の危機にあって、情報を吸収して意思決定をするのが困難な状態にあるからだ。被害者・家族のニーズは基本的なものであり、情報、実用的な支援、そしてメディアや役に立たない善意の人々からプライバシーを守るといったことだ。それに比べると、事件直後の被害者・家族は、容疑者の訴追にはあまり関心がない。突然の心的外傷と近親者の死に対して、苦痛を感じるのはよくある正常な反応だが、精神保健カウンセリングがすぐに必要なわけではない。時が経てば、被害者・家族の多くは苦痛が和らぐが、カウンセリングが有効な人もいる。

重大事件への対応を全般的に成功させるためには、被害者・家族への対応計画が欠かせない。発生することが予測される課題に対し、

実用的な対処方法を実施するには、調整された対応が必要となる。地元の資源を有効に利用すると、事件後の対応の段階を円滑に移行していくことができる。銃乱射事件に地域社会がどのように対応するかは、被害者・家族にどのような支援が提供されるかによって決まる面が大きい。

## 脚注

第 1 章　事件対応
1.1　逃げる
　22. Blair, J. Pete, et al., Active Shooter Events and Response.（銃乱射事件と対応）Boca Raton, FL: CRC Press, Taylor & Francis Group, LLC. 2013.
1.3　戦う
　23.「銃乱射事件の研究、2000 – 2013 年」（訳注・脚注 7 に同じ）
1.4　障害をもつ施設入居者と逃げ、隠れ、戦うための検討事項
　24. より詳しくは、『入居機関緊急事態計画――米国政府施設の保安に関する省庁間委員会の手引き　2013 年 3 月』を参照されたい。（訳注・脚注 9 に同じ）
1.5　警察・消防・救急等との意思疎通
　25.「銃乱射事件の研究、2000 – 2013 年」（訳注・脚注 7 に同じ）
1.10　危機における効果的な意思疎通と広報の重要性
　26. 利用しやすさ（アクセシビリティ）とリハビリテーション法第 508 条の遵守に関する詳しい情報は、連邦緊急事態管理庁（FEMA）障害統合・調整室のウェブサイトを参照されたい。https://www.fema.gov/office-disability-integration-and-coordination また、連邦政府は同法第 508 条の遵守について下記のウェブサイトも公開している。https://www.section508.gov/

米国政府施設の保安に関する省庁間委員会（ISC）の方針
1. ここに示す方針は、連邦行政府のすべての機関に義務付けられる。立法府と司法府の機関においては、義務ではないものの、ISC はこの方針の実施を強く推奨する。
2. 銃乱射犯は、人の多い場所で積極的に人を殺害しているか、殺害しようとしている人と定義する。そうした事件の過半数では銃が使用されており、この方針の目的においては、「銃乱射犯」という言葉は、ナイフや爆発物を含む他の武器を使用する者にも当てはまる。ISC は、この方針および後述する最適慣行の手引きにおいて、犯人の行動が人に

脅威を与えているあらゆる事件を「銃乱射事件」と呼ぶ。
3.「逃げる、隠れる、戦う」のビデオ（字幕表示可能）は多言語で提供されている。https://www.fbi.gov/about/partnerships/office-of-partner-engagement/active-shooter-resources/responding-to-an-active-shooter-crisis-situation（訳注・日本語字幕を民間人が追加したビデオのURLも記す。https://www.youtube.com/watch?v=tCEuKEIbB_M）
4. 本文書の私用禁止版は2015年7月、まず連邦政府機関を対象に発行された。連邦政府施設内での銃乱射事件への備えを高めるために、銃乱射事件に対するISCの既存の方針を、新たに統一された方針と手引きとしてまとめたものである。公開版は、民間部門のための参考文書としてここに公開されている。ISCは一般的に、民間部門の方針や最適慣行の制定を管轄していない。しかしながら、本文中の情報から、より幅広い層の人々が本文書の情報の恩恵を受けられるように、ISCが公開した。対象とする施設は、公開版も連邦政府施設と記しているが、民間企業その他の非政府団体は、各自の施設保安計画に応じて本文書を解釈してよい。

第2章　銃乱射事件対策の背景
5. この調査研究報告書は次のURLから入手できる。http://www.fbi.gov/news/stories/2014/september/fbi-releases-study-on-active-shooter-incidents/fbi-releases-study-on-active-shooter-incidents
6. NIMSとICSについて、詳しくは次のウェブサイトを参照されたい。http://www.fema.gov/national-incident-management-system
7. Blair, J. Pete, and Katherine W. Schweit, "A Study of Active Shooter Incidents, 2000 – 2013."（銃乱射事件の研究、2000 – 2013年）Texas State University and Federal Bureau of Investigation, U.S. Department of Justice, Washington D.C.（テキサス州立大学および米司法省連邦捜査局）2014.
http://www.fbi.gov/news/stories/2014/september/fbi-releases-study-on-active-shooter-incidents/fbi-releases-study-on-active-shooter-incidents

8. 注・この研究は連邦政府施設内の事件だけでなく、米国で起きたすべての銃乱射事件を対象としている。FBI（連邦捜査局）は銃乱射事件を、「人の多い場所で積極的に人を殺害しているか、殺害しようとしている人（犯罪組織の抗争または違法薬物関連の暴力事件を除く）」と定義している。この調査は全160事件のリストを収録しており、バージニア工科大学、サンディフック小学校、合衆国ホロコースト記念博物館、フォート・フッド陸軍駐屯地、（コロラド州）オーロラ市シネマーク・センチュリー16映画館、ウィスコンシン州シク教寺院、ワシントン海軍工廠の各事件を含む。

## 第3章　入居機関緊急事態プログラムへの銃乱射事件対策の導入

9. より詳しくは、『入居機関緊急事態計画——米国政府施設の保安に関する省庁間委員会の手引き　2013年3月』を参照されたい。この手引書は以下のサイトに掲載されている。http://www.dhs.gov/publication/isc-occupant-emergency-programs-guide
10. 連邦規則41巻102-74条230項から同条260項まで。
11. 入居機関緊急事態プログラム（OEP）と異なり、入居機関緊急事態計画には、具体的な緊急事態において職員が安全を確保するために取るべき行動が書かれている。
12. より詳しくは、『入居機関緊急事態計画——米国政府施設の保安に関する省庁間委員会の手引き　2013年3月』を参照されたい。（訳注・脚注9に同じ）
13. この基準は以下のURLからダウンロードできる。http://www.dhs.gov/sites/default/files/publications/ISC_Risk-Management-Process_Aug_2013.pdf

## 第4章　事前の備え

14. Paparazzo, John, Christine Eith, and Jennifer Tocco. Strategic Approaches to Preventing Multiple Casualty Violence: Report on the National Summit on Multiple Casualty Shootings.（多数死傷暴力事件への戦略的アプローチ——全国複数死傷銃撃事件対策サミット報告書）Washington, D.C.: U.S. Department of Justice, Office of

Community Oriented Policing Services.（米司法省地域社会志向警察業務室）2013. https://www.fletc.gov/sites/default/files/imported_files/publications/summits-on-preventing-multiple-causality-violence/e021311546_MultiCasualty-Violence_v508_05APR13.pdf

15. Workplace Violence: Issues in Response.（職場暴力——対応における問題）U.S. Department of Justice, FBI Academy.（米司法省連邦捜査局アカデミー）2002. http://www.fbi.gov/stats-services/publications/workplace-violence

16. Campus Attacks: Targeted Violence Affecting Institutions of Higher Education.（大学構内の攻撃——高等教育機関が影響を受けている標的型暴力）U.S. Secret Service, U.S. Department of Education, and the Federal Bureau of Investigation（米シークレットサービス、米教育省、連邦捜査局）2010. http://rems.ed.gov/docs/CampusAttacks_201004.pdf

Vossekuil, Bryan, et al. The Final Report and Findings of the Safe School Initiative: Implications for the Prevention of School Attacks in the United States（安全な学校構想に関する最終報告と結論——米国の学校における攻撃を予防するうえでの含意）2004.

17. Calhoun, Frederick, and Stephen Weston. Contemporary Threat Management: A Practical Guide for Identifying, Assessing, and Managing Individuals of Violent Intent.（現代の脅威評価——暴力をふるう意思を持つ個人を特定・評価・管理するための実用的な手引）San Diego, CA: Specialized Training Services. 2003.

Deisinger, Gene, et al. The Handbook for Campus Threat Assessment and Management Teams.（大学構内の脅威評価・管理チームのためのハンドブック）Stoneham, MA: Applied Risk Management. 2008.

Fein, Robert, et al. Threat Assessment: An Approach to Prevent Targeted Violence.（脅威評価——標的型暴力を予防するためのアプローチ）Washington, DC: U.S. Department of Justice, Office of Justice Programs, National Institute of Justice.（米司法省司法プログラム室国家司法研究所）1995.

Monahan, John, et al. Rethinking Risk Assessment: The MacArthur Study of Mental Disorder and Violence.（リスク評価の再考——精神疾患と暴力に関するマッカーサー研究）New York, NY: Oxford University Press. 2001.
18. 脅威評価チームのメンバーは、医療保険の携行性と責任に関する法律（HIPAA）のプライバシーに関する規定を知っていなければならない。その情報を記したカードは、第9章「銃乱射事件対策のリソースとひな形」に収録されている（訳注・本訳書では省略）。
19. この手引は次のURLで入手できる。
http://www.dhs.gov/sites/default/files/publications/ISC%20Violence%20in%20%20the%20Federal%20Workplace%20Guide%20April%202013.pdf

第5章　訓練と演習
5.1　訓練教材と課題認識のための資料
20. ビデオ『逃げる、隠れる、戦う』は以下のサイトで視聴することができ、字幕を表示することもできる。（訳注・脚注3に同じ）
5.4　演習
21. FEMAの独習科目は以下のサイトでオンライン履修できる。
http://www.training.fema.gov/IS

第6章　復旧
6.1　家族との待ち合わせ
27. 児童引渡し手続に関する有用な資料には、Post-Disaster Reunification of Children: A Nationwide Approach（災害後の児童と家族の再会——全国的アプローチ）がある。FEMA、アメリカ赤十字社、保健社会福祉省、全米行方不明・被搾取児童センター（NCMEC）の四者が共同で出版した。下記のウェブサイトで公開されている。https://www.fema.gov/media-library/assets/documents/85559
6.2　心理的応急処置
28. この節の内容の出典である Psychological First Aid Field Operations Guide（心理的応急処置の現地活動の手引）は、下記のURLからダウ

ンロードできる。http://www.nctsn.org/sites/default/files/pfa/english/1-psyfirstaid_final_complete_manual.pdf

6.3 心理的応急処置の訓練

29. 詳しくは次のウェブサイトを参照されたい。https://learn.nctsn.org/
30. 詳しくは次のウェブサイトを参照されたい。http://www.nctsn.org/content/psychological-first-aid
31. 詳しくは次のウェブサイトを参照されたい。http://www.nctsn.org/content/pfa-mobile

# 第2部

# 撃たれた人の救命

第 2 部　撃たれた人の救命

### 資料3　図解「出血を止めよ」米国土安全保障省、2016 年前半

　負傷者のいる現場に、プロの医療従事者がどんなに早く駆け付けるとしても、いつも最初にいるのは、通りすがりの人です。出血している人は、5 分以内に出血多量で死ぬおそれがあるので、いち早く出血を止めることが大切です。

　「出血を止めよ」は、国民一人ひとりが素早く行動して人命を救助できるようにするための全米キャンペーンです。

＊身の回りの状況に注意を払い、必要なら、あなた自身とけが人を安全な場所に移動してください。

　119 番に電話してください。

　現場に居合わせた人は、適切な治療が始まるまでの間にいくつかの簡単なステップを実行して、けが人を生かしておくことができます。人命救助に役立つのは次の三つのステップです。

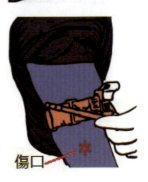

#### 1.　圧迫する

　衣服をめくって傷口を探し、包帯か布でしっかりと一定の圧力で傷口を圧迫してください。

#### 2.　止血帯を固定する

　出血が止まらなければ、傷口から 5 〜 7 センチ胴体に近いところに止血帯を巻いてください。止血帯は服の上からでも固定できます。

　ストラップをバックルに通して引っ張り、棒を強くねじり、留め金かマジック

テープで棒を固定してください。

### 3. 2本目の止血帯

それでも出血が止まらなければ、最初の止血帯より胴体に近いところにもう1本止血帯を巻いてください。

ストラップをバックルに通して引っ張り、棒を強くねじり、留め金かマジックテープで棒を固定してください。

---

【訳者より】

止血帯を使用するときは、固定した時刻を止血帯に記しておく必要がある。止血帯を使用すると合併症のリスクがあるので、他の手段で止血できる場合は2時間以内にほどくべきであり、逆に6時間以上緊縛していた場合には、血液検査などで状態を確認しないかぎりは除去すべきではないとされているからだ（米軍の戦術的戦傷救護ガイドライン＝TCCC）。

米軍は負傷者をヘリコプターなどで航空搬送することによって、止血帯をほどくまでの時間を短縮している。

この図の止血帯 C-A-T（コンバット・アプリケーション・ターニカット）は米軍が採用しており、日本の複数の会社が輸入している。

止血について詳しくは資料4の「予備知識 F. 止血」（104p）を参照されたい。

第 2 部　撃たれた人の救命

## 資料 4 『即製爆発装置事件および銃乱射事件において生存性を高めるための初動要員用ガイド』米国土安全保障省、2015 年 6 月

# 概　　要

　近年の即製爆発装置（IED）事件や銃乱射事件は、被害者の生存性と初動要員の安全性を高めるために、初動要員の従来の慣行の一部を再編・強化する必要があることを示している。米軍は、即製爆発装置事件と銃撃事件に対応し死傷者を管理してきた豊富な経験があり、また、戦闘負傷者救護の研究にかなりの資源を投入してきたので、根拠に基づく対応方針を確立している。

　本書は米政府が、米軍の対応方針を非軍事部門の初動要員のために応用した、多くの専門分野にわたる指針である。さらに、本書の指針は、米国内外の同様の事件から得られた非軍事部門の最適慣行や教訓も取り入れている。本書では止血、防護装備（防弾チョッキ、ヘルメット、目の保護具等）、対処・事態管理の 3 分野の対策を推奨する。

止血
1. 初動要員は、大量出血に対する処置の一環として、手順の範囲内で止血帯と止血剤を使用すべきだ。止血帯は四肢の傷からの失血死、止血剤はその他の外出血による失血死を防ぐうえで、迅速で効果的な方法であることが実証されている。
2. 初動要員は、戦術的戦傷救護（TCCC）の基本原則を軍隊以外の外傷救護に応用した、根拠に基づく標準化された訓練課程を策定し導入すべきだ。訓練は、即製爆発装置事件や銃乱射事件

資料4 『即製爆発装置事件および銃乱射事件において生存性を高めるための初動要員用ガイド』

における連携を強めるため、消防、救急医療班、その他の医療従事者と共同で行う必要がある。

**防護装備**
1. 初動要員は、救急隊・消防・警察が連携するための戦術・技法・手順（TTPs）を策定し、訓練を通じてそれを身につけるべきだ。この戦術・技法・手順は、防弾チョッキの使用、状況認識の改善、銃撃に対する隠蔽と掩蔽の概念の適用を含む（訳注・隠蔽とは我が方の所在や動きが銃乱射犯から見えないこと、掩蔽とは地形または人工物により銃弾から防護されていること）。
2. 防護装備の技術は進歩し続けている。初動組織は、ボディアーマーのように、即製爆発装置の破片・衝撃波から要員を確実に守れると証明されている防護手段を採用すべきだ。
3. 初動要員は、即製爆発装置（IED）事件や銃乱射犯事件に対応する際、油断せず、二次被害を狙ったIEDや別の銃乱射犯が存在する場合の潜在的リスクを意識しておくことが欠かせない。

**対処と事態管理**
1. 自治体・州の警察や救急隊は、国家緊急時総合調整システム（NIMS）に基づく指揮統制用語を、計画立案、演習、継続的な教育訓練を通じて制度化すべきだ。
2. 自治体・州の危機管理・救急・消防・警察要員および受け入れ医療機関は、無線機など通信機器の連携を確保すべきだ。
3. 自治体・州・連邦政府のパートナー組織は、緊急通報用電話の通信指令室の通報受信手順に、初動対応に不可欠な情報の収集を含めるよう検討すべきだ。
4. 初動要員によるトリアージの正確さを向上させるための訓練は、

即製爆発装置事件や銃乱射事件への対処に欠かせない。
5. 即製爆発装置事件や銃乱射事件により効果的に対処するためには、救急・消防・警察の調整を強化する必要がある。これらの組織間の対話は、警察が対応する状況で発生した医療上の緊急事態に対する、従来の戦術・技法・手順（TTPs）に、改善の余地があるかを主題とすべきだ。たとえば、銃乱射事件現場に救急隊が到着しても、警察が安全を確保して救急隊だけで行動できるようになるまで、非常線の外で待機し、救護を行わないという従来のTTPsは、再検討を要する。

早期の積極的な止血、ボディアーマーの使用、各組織の対処のいっそうの統合、初動要員の連携の強化という上記の推奨策は、初動要員のリスクを軽減し、即製爆発装置事件や銃乱射事件の負傷者に対する救急医療を改善することで、人命を守ることに直結する。

# 予 備 知 識

## A. 初動要員の定義

　このガイドでいう初動要員は、即製爆発装置（IED）事件や銃乱射事件の発生直後から負傷者の管理・救護に重要な役割を果たす、さまざまな人々を指す。初動要員という用語は、正式な資格、認証、制限、能力のいずれの意味も含まない。通りがかりの人、警察官、救急救命士および消防要員は初動要員となりうる。救急・消防要員はふつう、米国家道路交通安全局（NHTSA）の全国実務範囲モデル（2007年）に示された伝統的な範囲の実務を行う。救急・消防要員の医療資格のレベルとリソースの量は、自治体の救急医療のしくみによって異なる。通りがかりの人は、警察・救急・消防より先に現場にいる可能性が高いものの、医療の訓練を受けたことが全くないかもしれないし、攻撃現場で手助けを申し出た人は、後続の爆発・銃撃および危険な環境に対する装備を持っていないかもしれない。

　地域危機緊急対応チーム（CERT）、医療従事者緊急時ボランティア事前登録システム、医療予備隊（MRC）といったボランティア団体が行政を支援する地域もある。

　IED事件や銃乱射事件の負傷者を最初に受け入れる医療施設は、米国の場合、既存の従来型の病院や診療所が想定されていることが多い。こうした施設は、敵対行為や危険な環境に対して必要な防護装備を備えていないことが多い。

第 2 部　撃たれた人の救命

## B.　脅威の定義

　市民または初動要員を狙って、一つまたは複数の即製爆発装置（IED）を米国内外の個人または組織が使用する事件の脅威が増している。1970 〜 2011 年の米国では、2001 年の同時多発テロを除いて、負傷者 50 人以上の攻撃 6 件のうち 4 件と、負傷者 5 人以上の攻撃 45 件のうち 22 件で、IED が使用された。[2]

　多人数を殺傷するおそれの強い IED の種類は、1）人混みに置き去りにされる小包・リュックサック・かばん、2) 自爆ベスト・自爆ベルト、そしてとくに、3) 車爆弾だ。IED はさまざまな外傷を与える。1) IED の容器（金属パイプ・箱・圧力鍋等）の破片を高速で投射することによる貫通外傷または鈍的外傷（訳注・皮膚を貫通しない打撲傷）、2) 投射物を増やすために混入された物（ボールベアリングや釘）による外傷、3) IED が隠された大きな容器（ごみ箱や車のトランク）またはその内容物の破砕・投射による外傷、4) IED の付近の窓・壁その他の物の破砕・投射による外傷、5) 投射物がなくても爆風の圧力だけで生じる外傷だ。爆発の効果は IED の設置場所、たとえば屋内か屋外か、他の物の近くか遠くかなどによって決まる。

　爆発していない IED が存在するか、二次被害を狙って IED が仕掛けられている疑いのある場合に生存率を高めるためには、IED がさまざまな外傷を与えることと、爆発の効果は環境によって増減することへの理解が欠かせない。IED 事件は、人に傷を与えて命を危険にさらすだけでない。現場に混乱・不確実性・恐怖をもたらし、その波紋は負傷者を受け入れた医療システムに広がっていく。

　銃乱射事件の初動要員が受ける脅威は IED 事件に似ており、やはり増大している。銃乱射事件でも IED 事件でも、初動要員はた

いへんな努力を強いられる。こうした事件は短時間で終わるのがふつうだが、一部の事件は大規模で複雑な建築物の中で発生し、いったん解決しても、危険が除去されたことを確認するのに数時間以上かかることになる。

## C. 米軍の教訓と非軍事部門への応用

米軍はイラクとアフガニスタンにおける戦争で戦傷者治療の経験を重ねており、さらに国防総省は外傷治療と外科手術の研究に投資している。その結果、爆傷や銃創の管理、とくに命に関わる外出血の止血について、膨大な知識が得られた。

### 戦術的戦傷救護

1967年7月から69年6月までのベトナムにおける米陸軍軍人の負傷に関する調査によると、戦死者の9パーセントが四肢の出血、5パーセントが緊張性気胸、1パーセントが気道閉鎖のため死亡した。[3] つまり、戦死者の6分の1は、現場で容易に治療できる3種類の外傷のため死亡した。この結果を受けて1990年代後半に、戦場用の病院前外傷救護の指針「戦術的戦傷救護（TCCC）」が作られた（訳注・「病院前」とは病院到着前（プレホスピタル）に行うという意味の医療用語であり、米国の警察等にとって「戦術的」とは、相手が武器を使用することが想定されるという意味である）。TCCCは、戦場で可能な程度の治療でも命を救うことができた失血死の、もっとも発生件数の多い原因を主な対象としている。[4]

### 戦術的負傷者救急救護（TECC）

非軍事の初動要員の中には、米軍のこうした経験が、脅威度の高い状況における非軍事組織の医療活動にも応用できると気づいた者

もいた。彼らは 2011 年、所属組織とは別に「戦術的負傷者救急救護委員会（C-TECC）」[5]を結成し、戦場で得られた米軍の医学的知見を非軍事の危機対応のため翻案し、指針としてまとめる作業を始めた。

その結果生まれた「戦術的負傷者救急救護（TECC）」の手引は、脅威度の高い非軍事の戦術的活動や人質救出における負傷者管理のための、根拠に基づく最適慣行を推奨している。TECC の手引は、米軍の TCCC をベースにしながらも、非軍事組織の環境、資源配分、負傷者の特性や実施範囲の違いに対応している。C-TECC が独立の民間団体であって、その活動は必ずしも国防総省の承認を受けていないことを強調しておきたい。なぜなら、TECC は、米軍の TCCC を非軍事組織のために発展させたもので、軍と非軍事組織の行動環境の微妙な違いに合わせて書かれているからだ。[6]

2013 年春、多数死傷銃撃事件の負傷者の生存率を上げる方法について合意を得るため、消防、警察、病院前救護、外傷治療、米軍など公共の安全に関わる組織から、協力のためのグループが、コネティカット州ハートフォードに集まった。そこで得られた合意は、ハートフォード・コンセンサスと通称されている。このグループは、「誰一人として、出血を止められないために死なせてはならない」と宣言し、失血死を防ぐための手順を示す頭字語 THREAT（「脅威」）を作った（訳注・わかりやすくするため、「出血管理」は原則として「止血」と訳した）。

*T*hreat suppression 脅威の制圧、つまり銃乱射犯の無力化
*H*emorrhage control 止血
*R*apid *E*xtrication to safety 安全な場所への迅速な脱出
*A*ssessment by medical providers 医療従事者による診断
*T*ransport to definitive care 最終的な医療を行う医療機関への輸送[7]

予備知識

ハートフォード・コンセンサスをまとめた専門家グループは、次の内容の「行動の呼びかけ」を行っている。
1) 現場で巻き込まれた被害者のうち、無傷または軽傷の人は救助者として行動すること。
2) 警察官は、基本的な技能として外出血の止血法を身に付けること。
3) 救急・消防および各種の救助組織による対応をいっそう統合し、伝統的な役割分担を見直すこと（訳注・たとえば銃乱射犯が建物の一角に封じ込められているが無力化されていない状況における、その建物の他の部分のような、銃撃の潜在的な危険のある環境でも負傷者の出血を止めて救出することを求めている）。
4) 外傷治療の既存のシステムは、切れ目のない治療を目的として使うこと。

米国内外の初動要員団体である国際警察署長協会（IACP）、国際消防士連合（IAFF）、国際消防長協会（IAFC）、全米救命士協会（NAEMT）、全米戦術警察官協会（NTOA）などは、ハートフォード・コンセンサスに大いに関心があり、多くの団体が自らの立場について声明を出している。

国際消防士連合は「共通の戦術、共通の通信能力、切れ目のない効果的な活動のための共通の語彙」が求められていると指摘している。[1] 国際消防長協会によると、「事件が起こる前に、統合された協調的な計画・方針・訓練・チームを作っておけば、事件に効果的に対応して成功を収めることができる」という。[ii]

全米戦術警察官協会（NTOA）は、銃乱射事件等の被害者、居合わせた市民、警察官、容疑者が負傷した場合に備えて、彼らの命を救うことができるように、すべての警察官は、基礎的な戦術的救急医療支援（TEMS）の医療訓練を受けておく必要があると述べてい

る。

　また、NTOAは、法執行活動中の警察官による救護のモデルは一つに限られないとしたうえで、戦術的救急医療支援（TEMS）の基本原則は、すべての警察活動に当てはまるので、警察官の基本的な能力として考えるべきだと述べている。NTOAは、「戦術的負傷者救急救護委員会（C-TECC）等による、警察の任務に合わせた標準的分類法と根拠に基づく臨床診療の指針を策定するための取り組みを支持する」と声明している。[2]

　戦術的戦傷救護（TCCC）と戦術的負傷者救急救護（TECC）の医療行為のうち、即製爆発装置事件や銃乱射事件に際して、非軍事組織の外傷治療システムに応用できる可能性があるものを、次のとおり厳選した。

1）四肢の出血を止めるための止血帯の使用。
2）止血帯を使えない部位の出血を止めるための止血ガーゼの使用。
3）顎・顔面・首に外傷がない負傷者への経鼻エアウェイの挿入（訳注・エアウェイは、舌根沈下が疑われる場合の気道確保または舌根沈下予防のために用いる換気チューブで、意識がある患者には、必要な処置をしたうえで経鼻エアウェイを鼻腔へ挿入する）
4）顎・顔面の傷口から血が気道へ流れ込んでいるが、意識のある負傷者に、可能なら回復体位を取らせること（訳注・横向けに寝かせ、頭をやや後ろに反らせて気道を確保し、うつ伏せにも仰向けにもならないように膝を軽く曲げ、下側の腕を前へ伸ばし、上

側の腕で上半身を支える)。
5)鈍的外傷(訳注・皮膚を貫通しない打撲傷)の患者は、可能なら全脊柱固定すること(訳注・専用の板「バックボード」の上に仰向けに寝かせる形で固定する)。
6)静脈路確保(訳注・静脈内に針やチューブを留置して輸液路を確保)はふつう、一次救命処置には必要ないが、適切な訓練を受けた要員は医師の指示を受けて行うことができる。

二次救命処置(ALS)の訓練を受けた者は、以下の医療行為を行ってよい。
7)顔または首に外傷があり、座って前にかがむことができない負傷者の外科的気道確保。
8)骨髄路確保はふつう、一次救命処置には必要ないが、静脈路確保が失敗したり不可能だったりする場合、医薬品または輸液を投与するため必要となりうる。
9)鎮痛のためのモルヒネ点滴、フェンタニルクエン酸塩口腔粘膜吸収剤、ケタミンの投与。

本書には、近年の米軍の戦闘経験から得られた教訓と、戦術的負傷者救急救護委員会(C-TECC)がまとめた非軍事組織の負傷者救急救護の教訓が盛り込まれている。

### 搬送中の救護

負傷者を現場から避難させても、救急医療処置を中断しないことが重要だ。米軍の経験からは、現場で始めた救急医療処置を、病院に到着するまで継続・強化することが、死亡率を減らすうえできわめて重要だと明らかになっている。非軍事的環境で罹患率(疾患・負傷の発生率)と死亡率を減らすためには、米軍の病院前救護の経験がどのように利用できるのか理解する必要がある。その一方で、非軍事組織は、現場および搬送中の救護に関する米軍の知見を応用

### 病院での治療

爆発物による重傷者の病院での治療に関する米軍の戦傷救護研究は、2008年のバラド空軍基地報告書[8]と、統合外傷治療システムの臨床診療ガイドラインのウェブサイトに記録されている。[iv]

とくに成功率の高かった方法は、ダメージコントロール蘇生（DCR）だ。これはショック状態の患者に対して成分輸血による容量置換、つまり解凍血漿・濃厚赤血球・血小板をバランスよく投与する方法で、生理食塩水や乳酸リンゲル液といった晶質液を輸液して細胞外液を補給する従来の方法よりも死亡率が低いことがわかった。[9][10][11][12] 低体温の回避、酸素供給を最大化するための他の手段の追求、爆発で負傷した患者の有害因子を減らすことも、DCRに含まれる。

## D. 即製爆発装置（IED）事件

### 負傷と死亡を防ぐ

爆発事件による負傷と死亡を防ぎ、減らす方法には三つの考え方がある。

1）予防：言うまでもなく、IEDによる負傷・苦痛・死を避ける最良の方法は、爆発を避けるか未然に防ぐことだ。主な予防手段は、1）事前介入型の精神保健能力の改善、2）公衆がIEDの脅威を認識し、攻撃前の不審な行動を発見・通報する意思と能力、3）IEDを無害化するための行動、4）法執行機関の脅威情報収集・分析能力が含まれ、本書の範囲を超える。初動要員と公衆の負傷を防ぐことが重要だが、そのためには不審物との安全距離（図1）をとることが有効だ。

図1ᵛ 爆発物に対する安全距離

| 爆発装置の種類 | 爆薬量 | 退避を義務付ける距離 | 屋内退避ゾーン | 望ましい退避距離 |
|---|---|---|---|---|
| パイプ爆弾 | 2.3 kg | 22 m | 23-365 m | 366 m |
| 自爆者 | 9.1 kg | 34 m | 35-517 m | 518 m |
| ブリーフケース スーツケース | 23 kg | 46 m | 47-563 m | 564 m |
| 乗用車 | 230 kg | 98 m | 99-578 m | 579 m |
| SUV ワンボックスカー | 450 kg | 122 m | 123-731 m | 732 m |
| 配送用トラック | 1.8 t | 195 m | 196-1157 m | 1158 m |
| タンクローリー | 4.5 t | 260 m | 261-1553 m | 1554 m |
| セミトレーラー | 27 t | 710 m | 711-2834 m | 2835 m |

2）減災：爆発事件の影響を軽減するための、防護装備の使用、防爆壁や窓ガラス飛散防止フィルムの設置といった、事前の行動を指す。二次的予防措置ともいう。セラミックプレート入り防弾チョッキ、ヘルメット、防弾下着など高等な軍用防護装備は、爆発物と銃弾の両方による負傷を軽減するために設計・試験されている。しかしながら、非軍事部門の初動要員が入手できる防護装備の多くは、防弾のために設計されており、IEDに対する防護を意図して設計・製造されていない。防護装備の多くは爆発の破片と過圧に対する効果が未確認か限られており、車爆弾のように爆薬量の多い爆発装置に対する有効性は未確認か、かなり限られているおそれがある。防護装備や防爆壁が有効性を発揮するためには、脅威情報に基づいて積極的に活用されなければならない。したがって、爆発事件の発生に規則性がなくて予測が不可能で、なんら警戒も防備もしていない人々の集団が狙われた場合、防護装備や防爆壁はほとんど役に立たない。

3）対応：負傷者の発生現場で初動要員が行う一次処置と、負傷者を医療機関へ搬送中に、容体の悪化と死を予防または減少させるために行う処置を含む。

## 公刊されている非軍事部門の経験

爆発事件への対応に関する非軍事部門の文献は、マドリード、ロンドン、テルアビブなど米国以外の経験に基づくものが多い。[13][14][15][16][17][18][19] これらの文献は、爆発事件における緊急対応、トリアージ、人員・物資の需要の急増などについて貴重な教訓を伝えている。その一方で、これらの文献は、病院前医療・血液センター・手術室・医療従事者・病室等のリソースが、事件発生後にどれほど必要になるのか詳しく記述していないので、同様の事件に備える計画を米国の非軍事部門が立てるために適用できる部分は少ない。

米国内の爆発事件に非軍事部門がどのように対応するかは、事件の地理的位置、リソース、被害者の人口構成によって変わる。米国の大部分の地域では、地元の警察と緊急対応組織（消防・救急）が非軍事部門の対応を主導する。緊急対応の要請はふつう、緊急電話の通信指令室を通じて行われる（訳注・米国の911番は日本の110番と119番を兼ねる）。通信指令室は最初の情報収集拠点であり、行政の対応を調整するうえできわめて重要な役割を果たしうる。逆に、通信指令室による事件の報告に欠陥があり、要員や資材を適切に派遣しなかった場合は、患者の救護が遅れる。

バージニア工科大学、コロラド州オーロラの映画館、同州コロンバイン高校の銃乱射事件に出動した初動要員は、化学兵器（訳注・催涙弾）、火炎、二次被害を狙ったIED、障害物によって現場への進入を妨害された。海外のIED事件や複合テロには、火炎、煙、化学兵器（塩素ガス）、戦闘員によって初動要員を阻止し、攻撃の損害と効果を増大させた事例もある。

予 備 知 識

　米国疾病予防管理センター（CDC）は、爆弾テロに対応するため米国の医療システムが取ることのできる総合的な方針の指針を示している。[20] CDC の指針は、血液センターや手術室など病院インフラの需要を予測する方法をはじめ、事態を先取りするステップを示している。また、CDC は、爆弾テロへの医療対応における、負傷者救護と医療システムの両面の課題について、研修課程と指針を策定し、広めている。その内容は、多数死傷事件・事故対応における病院前・病院内の医療に関する米国の非軍事部門の専門家、米軍の医療の経験、そしてイスラエル・パキスタン・ロンドン・マドリード・ムンバイ・デリーの爆弾テロへの医療対応を指揮した人々の知見を取り入れている。これらの研修課程と指針は、「テロ負傷に関する情報・発信・交換（TIIDE）プロジェクト」として、ウェブサイトに公開されている。[vi]

## E. 銃乱射事件

### 負傷と死亡を防ぐ

　銃乱射事件による負傷と死亡を防ぎ、減らす方法には三つの考え方がある。

1）予防：言うまでもなく、銃乱射による負傷・苦痛・死を避ける最良の方法は、銃乱射事件を避けるか未然に防ぐことだ。主な予防手段は、1）事前介入型の精神保健能力の改善、2）公衆が銃乱射の脅威を認識し、攻撃前の不審な行動を発見・通報する意思と能力、3）法執行機関の脅威情報収集・分析能力が含まれるので、本書の範囲を超える。[21]

2）減災：銃乱射事件の影響を軽減するための、以下のような行動を指す。1）一刻も早く被害者に医療を提供するために、受け入れることができるリスクの評価、2）防弾チョッキなど危

険に見合った防護装備の使用、3）銃乱射事件のシナリオに対する初動要員の戦術・技法・手順（TTPs）の策定。一般市民が銃乱射事件に対応するための訓練や、被害者による自主的な減災措置[22]は、本書では扱わない。
3）対応：負傷者の発生現場で初動要員が行う一次処置と、負傷者を医療機関へ搬送中に、容体の悪化と死を予防または減少させるために行う処置を含む。病院で治療されるまで処置しなければ、重傷者の生存率は時間とともに急激に下がっていくので、初動要員が銃乱射事件の被害者のもとへ迅速に駆けつけ、救護できるかどうかが生死を分けることになる。[23]

**非軍事組織の経験に関する先行研究**

銃乱射事件への対応に関する非軍事組織の報告書は、1999年のコロンバイン高校[24]、2007年のバージニア工科大学[25]、09年のフォート・フッド陸軍駐屯地[26]など、対策の転換点となった米国内の事件のほか、08年のムンバイ同時多発テロ事件[27]についても出版されている。

こうした事件の研究から、銃乱射事件の際の対応方針、被害者の治療、初動要員による使用が望ましい防護装備について、貴重な教訓が得られている。得られた教訓の中には、イラクやアフガニスタンで戦う米軍のために考案され、米軍が有効性を確認したが、救急隊が長年実践してきたいくつかの原則と矛盾する概念もある。これらの新概念の評価は、被害者に医療を迅速に提供することと、初動要員の安全のための効果的なリスク管理の、相対的な重要性によって変わる。

現在の一般的な救急隊が銃乱射事件に出動した場合、警察官が犯人を無力化し、現場の安全を確保するまで、安全な場所で待機することになる。

すると、被害者の治療を始めるのがかなり遅くなる。銃乱射事件で命を救うのは、救急隊の能力と規模よりも、素早く治療を始めることであると実証されている。[28]「安全になるまで待機」という従来の方針に代わって出てきた新たな選択肢は、救急・警察などの初動組織が、新たなレベルで協力することを示唆している。適切な防護装備を身に付けた救急救命士が、警察官とともに迅速に現場に入り、被害者の容体を安定させて、簡単に処置できる外傷で死ぬ人を減らすというのだ。

現在の米国では、被害者を救出し救護するための警察官の訓練と配備体制はまちまちである。法執行機関の計画担当者は、増援が到着するまで、すべての警察官が救命救護を行えるようにするため、訓練などの方針を実施すべきである。

銃乱射事件に使用された武器および死傷のパターンの調査研究によると、銃乱射事件での負傷は、四肢の出血、緊張性気胸、気道障害の順に死者が多い点が、戦闘中の銃撃による米軍人の負傷と似ている。[28] これらの傷はどれも、最小限の救急資材があればただちに処置できるのだが、処置しなければ生存率は時間とともに急激に下がり、死亡のリスクが高まる。

銃乱射事件の被害者は、気道を負傷している確率よりも四肢で外出血している確率のほうが高く、動脈に大きな傷を受けると 2-3 分で失血死するのに対し、気道障害から死に至るまでは最大 4-5 分かかる。したがって、戦術的負傷者救急救護委員会（C-TECC）の手引は、気道確保よりも外出血の止血を優先している。これまで英語の頭文字で ABC と記憶されてきた「気道、呼吸、循環」（Airway, Breathing, Circulation）に代わって、新たな頭字語 MARCH つまり「大出血の止血、気道確保、呼吸困難対策、ショックを防ぐための血液循環、低体温対策」（Massive hemorrhage control, Airway support, Respiratory threats, Circulation [prevent shock],

第 2 部　撃たれた人の救命

Hypothermia) の順となっている。

## F.　止血

### 病院前の環境における外出血の止血

戦場での止血帯の使用は、治療可能な四肢の出血による失血死者を減らすうえで有効性が実証されている。米軍は現在、さまざまな止血帯を使用している。2001 年から 2011 年までの米軍人の戦死に関する調査によると、戦死者のうち治療可能な四肢の出血による失血死者の割合は、当初（訳注・03-04 年のアフガニスタンと 06 年のイラク）の 7.8 パーセント[29] から 2011 年の 2.6 パーセント[30] まで減っており、米軍による止血帯使用の効果が現れているという。戦闘中に止血帯を使用したため命を救われたアメリカ人の数は、1000 人から 2000 人に上ると推定されている。[31]

> 従来の「止血帯は最後の手段」という説から「止血帯は治療可能な大出血から命を救うことが実証されている」という知見への変化は、実績に裏づけられている。今後は救急・消防・警察が、同じように止血帯を使用できるようにするための訓練が求められる。

　もっとも効果を上げるには、負傷者が大出血によってショックに陥る前に、止血帯を使用しなければならない。過去には止血帯の使用が、局所性貧血による合併症を起こすおそれがあると警告されていたが、四肢の合計 309 か所に止血帯を使用した 232 人について調査した結果、止血帯を使用しなければ起きなかったはずの局所性貧血が原因で、四肢のいずれかを失った事例はなかった。[32]

　首、鼠径部、腋の下などには大きな血管構造があるので、止血帯

を使用できない。米軍の医学研究機関が止血剤の有効性を評価したところ、顆粒の止血剤よりも「止血ガーゼ」のほうが優れていた。[23][34] 鼠径部の止血には、戦闘即応クランプ、腹部大動脈止血帯、接合部緊急治療用具のような接合部の止血用具が有効だ。

直接圧迫止血も外出血に対して有効であり、頸動脈や大腿動脈など主要な血管からの出血にも効果を発揮する。直接圧迫は、出血が止まるまでかなりの力で続けなければならないので、十分な垂直抗力が得られる固い平面に患者を置いて行うのがもっとも効果的だ。大出血を抑えるには、血管を外科的に修復できる手術室に負傷者が到着するまで、直接圧迫を続けなければならない。

非軍事の戦術的活動や人質救出における外出血の止血と負傷者管理に関しては、現在の指針と最適慣行による推奨事項が、戦術的負傷者救急救護委員会（C-TECC）のウェブサイトに公表されている。[vii] 非軍事組織の戦術的負傷者救急救護（TECC）の指針の基礎となった戦術的戦傷救護（TCCC）の指針は、米軍用に策定されたものだが、全米救命士協会（NAEMT）のウェブサイトに掲載されている。[viii]

## 図2[ix] 病院前における外出血の止血プロトコル（手順）

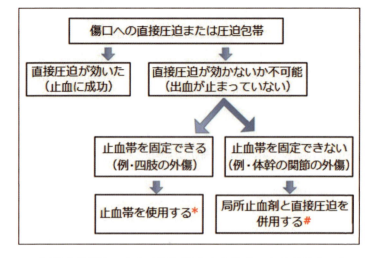

* 四肢を負傷しており直接圧迫止血を続けても効果がないか、続けることが不可能な場合は、止血帯の使用を強く勧める。その場合、締め上げバー式、空気圧式またはラチェット式で、動脈の血流を止める機能が確認されている市販の製品を使うこと。幅が狭いもの、弾力性があるもの、伸び縮みするものは避けること。市販の止血帯を入手できる場合は、即製の止血帯を使用してはならない。正しく装着された止血帯は、患者が最終的な治療を受けられるまで外さないこと。

# 止血帯を使用できない部位を負傷した場合および直接圧迫止血だけでは効果がないか、実施できない場合は、局所止血剤と直接圧迫止血を併用すること。局所止血剤は、傷口に詰めることができるガーゼタイプのもののみ使用すること。効果と安全性が外傷の標準的な実験モデルで確認されている局所止血剤のみ使用すること。

# 脅威に基づくシナリオ

　本節では医療や計画の面を含めて、一連のシナリオを記述する。初動要員はこれらのシナリオのエンドユーザー（末端利用者）として、地元の重要施設・対応手順・慣行に関する細目をシナリオに取り入れるとよい。既存の初動要員ガイドをIEDおよび銃乱射事件のさまざまな想定状況に適応させて制度化するように、初動要員の教育訓練の方向を示す目的で、シナリオを作成した。シナリオは個別に利用することも、組み合わせて利用することもできる。シナリオは救急・消防・警察が共同で計画・訓練・演習に使うことを意図している。各組織の初動要員が、互いのプロセスと役割、指揮系統の一本化、相互運用性に対する理解を深めるためには、ロール・プレイング（役割演技）が望ましい。

　シナリオ1　大規模なテロ・ゲリラ攻撃
　シナリオ2　中規模のテロ・ゲリラ攻撃①
　シナリオ3　中規模のテロ・ゲリラ攻撃②
　シナリオ4　小規模のテロ・ゲリラ攻撃
　シナリオ5　自爆テロを強制された者
　シナリオ6　自家製爆発物の発見・回収（攻撃ではない）
　シナリオ7　初動要員の進入が阻止されている銃乱射事件
　シナリオ8　商業施設の銃乱射事件
　シナリオ9　見通しのよい開放的な屋外の銃乱射事件
　シナリオ10　競技場の銃乱射事件

第 2 部　撃たれた人の救命

## シナリオ1　大規模なテロ・ゲリラ攻撃

爆薬量が 45 キログラムを超える IED を用いた大規模攻撃を受けて多人数が死傷しており、緊急対応組織の能力と医療施設の受け入れ能力が圧倒されるおそれがある。このシナリオは車爆弾を含む。

**初動要員の視点の例**：あなたは爆発が通報された鉄道駅（または他の公共の場）に、第一陣として呼び出された。第一報によると、トラックが障壁を迂回して施設の入口に突入し、爆発した。緊急電話をかけた人々によると、数人が死亡し、大勢の人が複数の傷を負っており、重体者も少なくないという。

### 予測される負傷のパターン

生存者にありうる負傷は、脚の付け根を含む複数の肢体切断、胸腔・腹腔の貫通外傷、閉所での爆発による肺挫傷、火傷、外傷性脳損傷（頭部の貫通外傷を含む）、頸部外傷などがある。爆発の直接の圧力波による一次爆傷は、開放空間（道路脇の IED 等）でも閉所（建物・列車・バス等）でもありうるが、閉所での爆破事件にとくに多い。

### 防護装備と防壁

減災対策（二次的予防措置）とは、爆発事件の影響を軽減するための手段や行動である。防爆壁や耐力壁は、通りがかりの人や初動要員を、爆傷や破片からある程度守ることができる。[xxi]

【脚注 xxi】爆傷の原因は、固体または液体が急速に変換されて発生した高圧の気体が、急膨張して周りの空気を圧縮すること

> である。この反応で圧力パルスが発生し、爆発波として全方位に広がる。爆発波の効果は、屋外よりも屋内やバス車内のような閉所のほうが大きい。衝撃波は、壁・床・天井に反射されると増幅される。屋外の爆発で生じた爆発波は、急速に消散する。閉所で起きた爆発では、過圧現象が爆発波の致死的効果を強めると理解されている。

　防弾装備の着用も減災対策の一つだが、繊維系およびセラミックプレート型のボディアーマーは、即製爆発装置（IED）の破片や爆風の圧力を防げない場合がある。ほとんどの防護装備は防弾を優先しており、とくに車爆弾のように爆薬量の多い爆発装置に対しては、破片効果や爆風の圧力を和らげる能力は未確認か、かなり限られているおそれがある。

　防護装備や防爆壁が有効性を発揮するためには、脅威情報に基づいて積極的に活用されなければならない。したがって、爆発事件の発生に規則性がなくて予測が不可能で、なんら警戒も防備もしていない人々の集団が狙われた場合、防護装備や防爆壁はほとんど役に立たない。

　防弾装備は、IED と銃乱射を組み合わせた攻撃に対してある程度有効である。

　過去の経験からすると、攻撃犯が初動要員または被害者の受け入れ先の病院に二次被害を与える目的で、後続の IED を爆発させようと計画している場合もある。

　初動要員の防弾装備については、救急救命士と消防士にはどの種類の装備が最適なのか、そしていつ着用すべきかを検討しなければならない。どのシフト（交代勤務時間）でも着用するのか、競技場で勤務するときのようにリスクが高いときだけか、IED 事件に対応するときだけか、という三通りの考え方がありうる。

現場指揮官は防護装備や戦術行動を、状況に即した IED リスク評価に基づいて判断することが決定的に重要であり、爆薬量の多い IED の存在が疑われるか確認された場合は、とくに重要だ。この種の IED は、車爆弾を含めて、一般的な防護装備やよくある遮蔽物では軽減できないほどの過圧効果を発生しうる。防護装備や戦術行動を決めるときに爆薬量を計算に入れなければ、油断することになる。

### 一般的に着用される防護装備

事件に対応する警察官の大多数は、ほとんどの拳銃弾や散弾を防ぐよう設計されたタイプⅡまたはⅢAの防弾ベストを装着しているはずだ。このレベルの防護装備は、IED の過圧効果と破片効果に対しては不十分だし、四肢を防護しない。警察官以外の初動要員が防弾装備を身に着けていることは、通常はない。公共の場にいる民間人が防弾装備を着用していることも、まずない。

### 防護装備によるリスク軽減に関する留意事項

米司法省国家司法研究所（NIJ）が定めるボディアーマーの規格は、各レベルのボディアーマーがどの拳銃弾を確実に防御すべきかを指定している。この規格には、ボディアーマーが着用者を破片効果から守るという要件はない。タイプⅣのボディアーマーを着用すれば、IED の過圧効果と破片効果にもある程度の効果を期待できる。ただし、NIJ 規格のボディアーマーが破片の脅威に対して有効だと立証し、IED 事件に対する初動要員が着用すべき防護装備の指針を示すには、時間がかかる。

### 対応と総合調整に当たっての留意事項

事前の了解覚書（MOU）・合意覚書（MOA）・標準作業手順書

脅威に基づくシナリオ

(SOP)ならびに日頃からの演習、計画および訓練を通じて、異なる組織間の連携を最大限確保すること。これらの取り組みは、負傷者が治療を受けるまでの時間を短縮するのに役立つ。

対応中、そして事件現場にいる間、それぞれの対応要員の役割（救急・消防・警察）を相互に理解して指揮系統を一本化すること。共通の周波数で通信し、標準化された用語を使うよう努めること。すべての初動要員（救急・消防・警察）が、早期の積極的な止血処置の訓練を確実に受けて、事件の発生に備えるようにすること。事件発生後はすべての初動要員が防護服（防弾ベスト、ヘルメット、眼鏡類を含む）を装着し、より統制された対応と総合調整を行うこと。

### 医療対応システム

IEDの爆発は、瞬時に数百人を死傷させ（オクラホマシティ連邦政府ビル爆破事件の死傷者は700人以上）、ごく軽傷から最重度に及ぶさまざまな重傷度の負傷者が大量に発生する可能性がある。

---

【訳者より】1995年4月19日のオクラホマシティ連邦政府ビル爆破テロでは168-169人が死亡した。内訳は同ビルにいた163-164人、周囲の建物または駐車場にいた4人、救助活動中に落下物に当たって殉職した救助隊員1人。爆発物はレンタルトラックに積まれた2.2トン以上の硝酸アンモニウム肥料、ニトロメタン、軽油。犯人は採石場から鉱業用爆薬160キロを盗んで起爆装置に用いた。

オクラホマシティ連邦政府ビル爆破事件現場（オクラホマ州兵空軍撮影）

第2部　撃たれた人の救命

　この種の事件に対するシステム全体としての医療対応は、米軍（医療システムおよび個々の患者に対するケアの両方）および米国内外の経験から学んだ教訓を取り入れ、組織間の十分な調整を図るべきである。日常的に発生する緊急事態の管理とは異なり、銃乱射事件への対応は全国レベルの外傷・救急医療システムにとっての異常事態となる。

　システム全体の取り組みには、被害者自身による応急処置、同僚の手当て、通りすがりの人の手当てに始まり、適当な患者を適切な医療施設へ迅速に秩序正しく届けるための適切で効率的な病院前トリアージと搬送まで、多岐にわたる活動が求められる。病院前救急医療、救急車、ヘリコプターおよび飛行機による患者搬送、外傷センター、病院、リハビリ施設などが、この取り組みの場となる。

### 病院前救急医療に当たっての留意事項

　患者のために重要な留意事項は、四肢の傷からの致命的な出血を止められれば、治療可能な出血による死者は減ると実証されていることだ。米軍の病院前治療は2005年以後の戦争中に大きく進歩し、適切に実施された場合、戦傷の死亡率を大幅に下げることができるようになったからだ。

　イラクとアフガニスタンの戦争でIEDによる負傷が増え、2013年4月15日のボストン・マラソン爆弾テロにおいて、IEDが米国内で使用されるに至った。したがって、米国ではIEDを含む銃乱射事件が負傷の原因として重要になっている。在来の病院前治療と大きく異なるとはいえ、米軍で実施されている以下のような医療処置の採用を、非軍事組織も検討すべきだ。

1) 積極的な止血——止血帯、必要に応じて止血剤の使用を含む。
2) 積極的な気道確保——「座って前かがみになる」気道確保の姿勢を含む。

3) すべての初動要員に対する自分自身、同僚および通りすがりの人への手当ての訓練。

### 医療システム全体への病院前治療の影響

諸外国の爆弾テロの経験は、同時多発攻撃によっておびただしい死傷者が発生し、救急医療要員のリソースを超えることなど、病院前治療の課題の共通点を示している。被害者自身による手当、同僚や通りすがりの人への手当ておよび初動要員による応急処置として、適切な手法を採用することは、ただちに救命処置を提供できる要員の裾野を広げるため欠かせない。

救急隊は事件現場で迅速かつ正確に負傷者のトリアージを行い、「最優先治療」に分類された人々を素早く適切な医療施設に搬送しなければならない。

負傷した患者に対する病院前トリアージは、できるだけ効率的かつ正確であることが必須である。患者の重傷度を過大評価すると、より重傷の患者の治療を目的として設計された専門センターに過度の負担をかける。その一方で、患者の重傷度を過小評価すると、必要な救命処置ができない可能性のある施設に重傷者を送ることにつながる。

受けた傷の種類や程度に応じて必要なレベルの治療が行える、もっとも適切な病院へ負傷者を送るためには、適切なトリアージに加え、負傷者の搬送を注意深く調整しなければならない。救急車、警察車両および民間車が負傷者を搬送し、さらに軽傷者が歩いて来るので、最寄りの病院は、すぐに患者であふれる場合が多い。

そこへ患者が殺到することは、救急医療システムによる管理が及ばない人間の行動の結果である。救急医療システムはこの可能性を認識し、最寄りの病院が機能を最大限に発揮できる状態にできるだけ早く戻るよう、負傷した患者を再度振り分ける計画を立てておく

必要がある。

また、事態の総合調整者は、負傷者の家族、「心理的ショックを受けた」という人々、そしてメディアの到着に伴い、安全と警備を確保する必要についても予測し、備えておくべきだ。

さらに、救急隊は、一見無傷にみえる人が、爆発の圧力波によって外傷性脳損傷、鼓膜損傷または内臓管腔臓器損傷を負っている可能性を考慮する必要がある。こうした配慮は、計画・手順・訓練・演習によって補強しなければならない。

### 病院における外傷治療システムに関する留意事項

米国内外の病院は、爆弾テロで次のような課題に直面した。

1）事件現場から情報を得るのが難しい。
2）患者の搬送先が偏る。たとえば、大事件1件の現場に近い病院15か所のうち2か所に、負傷者の約60パーセントが搬送されるような事態が起きる。
3）負傷者を適切に治療するため、病院の医療従事者が多数必要になる。
4）すべての治療現場で多数死傷事故・事件対応計画を実施しなければならない。たとえば放射線科の医師や看護師も、銃乱射事件の負傷者の治療を求められるので、事件と無関係な、足首を捻挫した人のレントゲン撮影は後回しにすることになる。
5）病院が犯人グループに狙われるおそれがある。
6）負傷の程度に応じて大量輸血プロトコル（MTP）を実施する（訳注・濃厚赤血球、新鮮凍結血漿、濃厚血小板を全血に近い比率で投与する）。
7）負傷の程度に応じて医療従事者等の補充・再雇用計画を実施する。
8）負傷の程度に応じて患者の搬送・転送計画を実施する。

爆弾テロに対応した医療部門のリーダーたちによると、大事件の死傷者の過半数は現場にもっとも近い病院に集中する。現場を離れることができた軽傷者は、救急隊のトリアージを受けずに、重傷者より先に病院に現れる場合がある。患者が殺到すると、病院の対応能力を超えて、需要の急増に応えられないことによる「機能の崩壊」を招くおそれがある。このような場合には、患者を他の病院へ再配分する必要が生じる。

どの病院の対応能力も超えないように患者を配分することは、多数の負傷者が発生する爆弾攻撃などに際して、医療能力を臨時に増強する取り組みの大原則である。

現場付近の病院は、押し寄せる多数の負傷者に対応するために、来援する医療従事者の手をただちに借りて、負傷者の再トリアージを行い、適切な医療を提供しなければならない。来援する医療従事者等には医師、看護師、輸血や呼吸療法の臨床工学技士、精神医療従事者、病院付きの聖職者も含まれる。さらに、秩序維持と警備のために、警察官もおそらく必要となる。

事件発生から数時間以内に、これらの応援要員は主に周辺地域から到着することになるが、遠くから医療従事者が来る場合もある。近くの病院と医療従事者による応援について、資格や権限を事前に確認して計画を立てておくことに比べて、他州の天災・人災の応援に入った医療従事者の資格を認定して権限を与えることは難しい。

### 患者の搬送・転送に当たっての留意事項

多数の負傷者の治療を最適化するためには、現場付近の病院に負傷者が集まるにつれて、重傷者の一部を他の医療施設に転送すべきだ。これには入院患者の病室、手術室、集中治療室およびリハビリベッドの利用のバランスをとる目的で、レベル1外傷センター（訳注・外傷患者に高度な手術を24時間行うことができる）や他の病院へ

転送することを含む。事件の発生した場所によっては、患者を他の地域または州へ転送する可能性もある。重傷者の長距離移送には、ドクターヘリ等による航空医療搬送能力がおそらく必要となる。

## シナリオ2　中規模のテロ・ゲリラ攻撃①

爆薬量2.2～45キログラムのIEDを用いた中規模の攻撃を受けて多人数が死傷しており、緊急対応組織の能力と医療施設の受け入れ能力が圧倒されるおそれがある。このシナリオは車爆弾を含む。

**初動要員の視点の例**：あなたは爆発が通報された大きな礼拝所に、第一陣として呼び出された。緊急電話をかけた人々によると、多人数が死傷している。

### 予測される負傷のパターン

生存者にありうる負傷は、肢体1～2本の切断、手足の血管の負傷、胸腔・腹腔の貫通外傷、外傷性脳損傷（頭部の貫通外傷を含む）、頸部外傷、閉所での爆発による肺挫傷などがある。

### 防護装備と防壁

減災対策（二次的予防措置）とは、爆発事件の影響を軽減するための手段や行動である。防爆壁や耐力壁は、通りがかりの人や初動要員を、爆傷や破片からある程度守ることができる。[xxii]

> 【脚注xxii】爆傷の原因は、固体または液体が急速に変換されて発生した高圧の気体が、急膨張して周りの空気を圧縮することである。この反応で圧力パルスが発生し、爆発波として全方位に広がる。爆発波の効果は、屋外よりも屋内やバス車内のよ

> うな閉所のほうが大きい。衝撃波は、壁・床・天井に反射されると増幅される。屋外の爆発で生じた爆発波は、急速に消散する。閉所で起きた爆発では、過圧現象が爆発波の致死的効果を強めると理解されている。

　防弾装備の着用も減災対策の一つだが、繊維系およびセラミックプレート型のボディアーマーは、即製爆発装置（IED）の破片や爆風の圧力を防げない場合がある。ほとんどの防護装備は防弾を優先しており、とくに車爆弾のように爆薬量の多い爆発装置に対しては、破片効果や爆風の圧力を和らげる能力は未確認か、かなり限られているおそれがある。

　防護装備や防爆壁が有効性を発揮するためには、脅威情報に基づいて積極的に活用されなければならない。したがって、爆発事件の発生に規則性がなくて予測が不可能で、なんら警戒も防備もしていない人々の集団が狙われた場合、防護装備や防爆壁はほとんど役に立たない。

　防弾装備は、IEDと銃乱射を組み合わせた攻撃に対してある程度有効である。

　過去の経験からすると、攻撃犯が初動要員または被害者の受け入れ先の病院に二次被害を与える目的で、後続のIEDを爆発させようと計画している場合もある。

　初動要員の防弾装備については、救急救命士と消防士にはどの種類の装備が最適なのか、そしていつ着用すべきかを検討しなければならない。どのシフト（交代勤務時間）でも着用するのか、競技場で勤務するときのようにリスクが高いときだけか、IED事件に対応するときだけか、という三通りの考え方がありうる。

　現場指揮官は防護装備や戦術行動を、状況に即したIEDリスク評価に基づいて判断することが決定的に重要であり、爆薬量の多い

IEDの存在が疑われるか確認された場合は、とくに重要だ。この種のIEDは、車爆弾を含めて、一般的な防護装備やよくある遮蔽物では軽減できないほどの過圧効果を発生しうる。防護装備や戦術行動を決めるときに爆薬量を計算に入れなければ、油断することになる。

### 一般的に着用される防護装備

事件に対応する警察官の大多数は、ほとんどの拳銃弾や散弾を防ぐよう設計されたタイプⅡまたはⅢAの防弾ベストを装着しているはずだ。このレベルの防護装備は、IEDの過圧効果と破片効果に対しては不十分だし、四肢を防護しない。警察官以外の初動要員が防弾装備を身に着けていることは、通常はない。公共の場にいる民間人が防弾装備を着用していることも、まずない。

### 防護装備によるリスク軽減に関する留意事項

米司法省国家司法研究所（NIJ）が定めるボディアーマーの規格は、各レベルのボディアーマーがどの拳銃弾を確実に防御すべきかを指定している。この規格には、ボディアーマーが着用者を破片効果から守るという要件はない。タイプⅣのボディアーマーを着用すれば、IEDの過圧効果と破片効果にもある程度の効果を期待できる。ただし、NIJ規格のボディアーマーが破片の脅威に対して有効だと立証し、IED事件に対する初動要員が着用すべき防護装備の指針を示すには、時間がかかる。

### 対応と総合調整に当たっての留意事項

事前の了解覚書（MOU）・合意覚書（MOA）・標準作業手順書（SOP）ならびに日頃からの演習、計画および訓練を通じて、異なる組織間の連携を最大限確保すること。これらの取り組みは、負傷

者が治療を受けるまでの時間を短縮するのに役立つ。

　対応中、そして事件現場にいる間、それぞれの対応要員の役割（救急・消防・警察）を相互に理解して指揮系統を一本化すること。共通の周波数で通信し、標準化された用語を使うよう努めること。すべての初動要員（救急・消防・警察）が、早期の積極的な止血処置の訓練を確実に受けて、事件の発生に備えるようにすること。事件発生後はすべての初動要員が防護服（防弾ベスト、ヘルメット、眼鏡類を含む）を装着し、より統制された対応と総合調整を行うこと。

---

【訳者より】2013年4月15日のボストン・マラソン爆弾テロでは、190メートル離して設置された2個の圧力釜爆弾が12秒間隔で爆発し、3人が死亡、264人が負傷して27か所の病院で治療を受けた。負傷者のうち14人は爆発または治療のため肢体を切断された。犯人2人（兄弟）は「アラビア半島のアルカイダ」の英字誌『インスパイア』で圧力釜爆弾の作り方を読んだ。

ボストン・マラソン爆弾テロ現場
（刑事裁判の連邦検察側資料）

---

### 医療対応システム

　IEDの爆発は、瞬時に数百人を死傷させ（オクラホマシティ連邦政府ビル爆破事件の死傷者は700人以上）、ごく軽傷から最重度に及ぶさまざまな重傷度の負傷者が大量に発生する可能性がある。

　この種の事件に対するシステム全体としての医療対応は、米軍

（医療システムおよび個々の患者に対するケアの両方）および米国内外の経験から学んだ教訓を取り入れ、組織間の十分な調整を図るべきである。日常的に発生する緊急事態の管理とは異なり、銃乱射事件への対応は全国レベルの外傷・救急医療システムにとっての異常事態となる。

システム全体の取り組みには、被害者自身による応急処置、同僚の手当て、通りすがりの人の手当てに始まり、適当な患者を適切な医療施設へ迅速に秩序正しく届けるための適切で効率的な病院前トリアージと搬送まで、多岐にわたる活動が求められる。病院前救急医療、救急車、ヘリコプターおよび飛行機による患者搬送、外傷センター、病院、リハビリ施設などが、この取り組みの場となる。

### 病院前救急医療に当たっての留意事項

患者のために重要な留意事項は、四肢の傷からの致命的な出血を止められれば、治療可能な出血による死者は減ると実証されていることだ。米軍の病院前治療は2005年以後の戦争中に大きく進歩し、適切に実施された場合、戦傷の死亡率を大幅に下げることができるようになったからだ。

イラクとアフガニスタンの戦争でIEDによる負傷が増え、2013年4月15日のボストン・マラソン爆弾テロ事件において、IEDが米国内で使用されるに至った。したがって、米国ではIEDを含む銃乱射事件が負傷の原因として重要になっている。在来の病院前治療と大きく異なるとはいえ、米軍で実施されている以下のような医療処置の採用を、非軍事組織も検討すべきだ。

1) 積極的な止血――止血帯、必要に応じて止血剤の使用を含む。
2) 積極的な気道確保――「座って前かがみになる」気道確保の姿勢を含む。
3) すべての初動要員に対する自分自身、同僚および通りすがり

の人への手当ての訓練。

### 医療システム全体への病院前治療の影響

諸外国の爆弾テロの経験は、同時多発攻撃によっておびただしい死傷者が発生し、救急医療要員のリソースを超えることなど、病院前治療の課題の共通点を示している。被害者自身による手当、同僚や通りすがりの人への手当および初動要員による応急処置として、適切な手法を採用することは、ただちに救命処置を提供できる要員の裾野を広げるため欠かせない。

救急隊は事件現場で迅速かつ正確に負傷者のトリアージを行い、「最優先治療」に分類された人々を素早く適切な医療施設に搬送しなければならない。

負傷した患者に対する病院前トリアージは、できるだけ効率的かつ正確であることが必須である。患者の重傷度を過大評価すると、より重傷の患者の治療を目的として設計された専門センターに過度の負担をかける。その一方で、患者の重傷度を過小評価すると、必要な救命処置ができない可能性のある施設に重傷者を送ることにつながる。

受けた傷の種類や程度に応じて必要なレベルの治療が行える、もっとも適切な病院へ負傷者を送るためには、適切なトリアージに加え、負傷者の搬送を注意深く調整しなければならない。救急車、警察車両および民間車が負傷者を搬送し、さらに軽傷者が歩いて来るので、最寄りの病院は、すぐに患者であふれる場合が多い。

そこへ患者が殺到することは、救急医療システムによる管理が及ばない人間の行動の結果である。救急医療システムはこの可能性を認識し、最寄りの病院が機能を最大限に発揮できる状態にできるだけ早く戻るよう、負傷した患者を再度振り分ける計画を立てておく必要がある。

また、事態の総合調整者は、負傷者の家族、「心理的ショックを受けた」という人々、そしてメディアの到着に伴い、安全と警備を確保する必要についても予測し、備えておくべきだ。

さらに、救急隊は、一見無傷にみえる人が、爆発の圧力波によって外傷性脳損傷、鼓膜損傷または内臓管腔臓器損傷を負っている可能性を考慮する必要がある。こうした配慮は、計画・手順・訓練・演習によって補強しなければならない。

### 病院における外傷治療システムに関する留意事項

米国内外の病院は、爆弾テロで次のような課題に直面した。

1) 事件現場から情報を得るのが難しい。
2) 患者の搬送先が偏る。たとえば、大事件1件の現場に近い病院15か所のうち2か所に、負傷者の約60パーセントが搬送されるような事態が起きる。
3) 負傷者を適切に治療するため、病院の医療従事者が多数必要になる。
4) すべての治療現場で多数死傷事故・事件対応計画を実施しなければならない。たとえば放射線科の医師や看護師も、銃乱射事件の負傷者の治療を求められるので、事件と無関係な、足首を捻挫した人のレントゲン撮影は後回しにすることになる。
5) 病院が犯人グループに狙われるおそれがある。
6) 負傷の程度に応じて大量輸血プロトコル（MTP）を実施する（訳注・濃厚赤血球、新鮮凍結血漿、濃厚血小板を全血に近い比率で投与する）。
7) 負傷の程度に応じて医療従事者等の補充・再雇用計画を実施する。
8) 負傷の程度に応じて患者の搬送・転送計画を実施する。

爆弾テロに対応した医療部門のリーダーたちによると、大事件の死傷者の過半数は現場にもっとも近い病院に集中する。現場を離れることができた軽傷者は、救急隊のトリアージを受けずに、重傷者より先に病院に現れる場合がある。患者が殺到すると、病院の対応能力を超えて、需要の急増に応えられないことによる「機能の崩壊」を招くおそれがある。このような場合には、患者を他の病院へ再配分する必要が生じる。

どの病院の対応能力も超えないように患者を配分することは、多数の負傷者が発生する爆弾攻撃などに際して、医療能力を臨時に増強する取り組みの大原則である。

現場付近の病院は、押し寄せる多数の負傷者に対応するために、来援する医療従事者の手をただちに借りて、負傷者の再トリアージを行い、適切な医療を提供しなければならない。来援する医療従事者等には医師、看護師、輸血や呼吸療法の臨床工学技士、精神医療従事者、病院付きの聖職者も含まれる。さらに、秩序維持と警備のために、警察官もおそらく必要となる。

事件発生から数時間以内に、これらの応援要員は主に周辺地域から到着することになるが、遠くから医療従事者が来る場合もある。近くの病院と医療従事者による応援について、資格や権限を事前に確認して計画を立てておくことに比べて、他州の天災・人災の応援に入った医療従事者の資格を認定して権限を与えることは難しい。

### 患者の搬送・転送に当たっての留意事項

多数の負傷者の治療を最適化するためには、現場付近の病院に負傷者が集まるにつれて、重傷者の一部を他の医療施設に転送すべきだ。これには入院患者の病室、手術室、集中治療室およびリハビリベッドの利用のバランスをとる目的で、レベル1外傷センター（訳注・外傷患者に高度な手術を24時間行うことができる）や他の病院へ

転送することを含む。事件の発生した場所によっては、患者を他の地域または州へ転送する可能性もある。重傷者の長距離移送には、ドクターヘリ等による航空医療搬送能力がおそらく必要となる。

## シナリオ3　中規模のテロ・ゲリラ攻撃②

爆薬量 2.2 〜 11.4 キログラムの IED を用いた中規模の攻撃。この規模の IED は、交通インフラや特定の場所を攻撃するため、リュックサックやスーツケースに隠されるか、地中に埋められることが多い。多人数が死傷しており、緊急対応組織の能力と医療施設の受け入れ能力が圧倒されるおそれがある。また、このシナリオは、IED が自爆ベストとして着用され、その上から衣服で隠される場合を含む。目的は暗殺から多人数死傷までさまざまである。

**初動要員の視点の例**：あなたはバスの爆破が通報された中心街に、第一陣として呼び出された。満員のバスが、混み合ったバス停に到着したところで爆発した。

### 予測される負傷のパターン

生存者にありうる負傷は、肢体1〜2本の切断、手足の血管の負傷、胸腔・腹腔の貫通外傷、外傷性脳損傷（頭部の貫通外傷を含む）、頸部外傷、閉所での爆発による肺挫傷などがある。

### 防護装備と防壁

減災対策（二次的予防措置）とは、爆発事件の影響を軽減するための手段や行動である。防爆壁や耐力壁は、通りがかりの人や初動要員を、爆傷や破片からある程度守ることができる。[xxiii]

> 【脚注 xxiii】爆傷の原因は、固体または液体が急速に変換されて発生した高圧の気体が、急膨張して周りの空気を圧縮することである。この反応で圧力パルスが発生し、爆発波として全方位に広がる。爆発波の効果は、屋外よりも屋内やバス車内のような閉所のほうが大きい。衝撃波は、壁・床・天井に反射されると増幅される。屋外の爆発で生じた爆発波は、急速に消散する。閉所で起きた爆発では、過圧現象が爆発波の致死的効果を強めると理解されている。

防弾装備の着用も減災対策の一つだが、繊維系およびセラミックプレート型のボディアーマーは、即製爆発装置（IED）の破片や爆風の圧力を防げない場合がある。ほとんどの防護装備は防弾を優先しており、とくに車爆弾のように爆薬量の多い爆発装置に対しては、破片効果や爆風の圧力を和らげる能力は未確認か、かなり限られているおそれがある。

防護装備や防爆壁が有効性を発揮するためには、脅威情報に基づいて積極的に活用されなければならない。したがって、爆発事件の発生に規則性がなくて予測が不可能で、なんら警戒も防備もしていない人々の集団が狙われた場合、防護装備や防爆壁はほとんど役に立たない。

防弾装備は、IEDと銃乱射を組み合わせた攻撃に対してある程度有効である。

過去の経験からすると、攻撃犯が初動要員または被害者の受け入れ先の病院に二次被害を与える目的で、後続のIEDを爆発させようと計画している場合もある。

初動要員の防弾装備については、救急救命士と消防士にはどの種類の装備が最適なのか、そしていつ着用すべきかを検討しなければならない。どのシフト（交代勤務時間）でも着用するのか、競技場

で勤務するときのようにリスクが高いときだけか、IED事件に対応するときだけか、という三通りの考え方がありうる。

現場指揮官は防護装備や戦術行動を、状況に即したIEDリスク評価に基づいて判断することが決定的に重要であり、爆薬量の多いIEDの存在が疑われるか確認された場合は、とくに重要だ。この種のIEDは、車爆弾を含めて、一般的な防護装備やよくある遮蔽物では軽減できないほどの過圧効果を発生しうる。防護装備や戦術行動を決めるときに爆薬量を計算に入れなければ、油断することになる。

### 一般的に着用される防護装備

事件に対応する警察官の大多数は、ほとんどの拳銃弾や散弾を防ぐよう設計されたタイプⅡまたはⅢAの防弾ベストを装着しているはずだ。このレベルの防護装備は、IEDの過圧効果と破片効果に対しては不十分だし、四肢を防護しない。警察官以外の初動要員が防弾装備を身に着けていることは、通常はない。公共の場にいる民間人が防弾装備を着用していることも、まずない。

### 防護装備によるリスク軽減に関する留意事項

米司法省国家司法研究所（NIJ）が定めるボディアーマーの規格は、各レベルのボディアーマーがどの拳銃弾を確実に防御すべきかを指定している。この規格には、ボディアーマーが着用者を破片効果から守るという要件はない。タイプⅣのボディアーマーを着用すれば、IEDの過圧効果と破片効果にもある程度の効果を期待できる。ただし、NIJ規格のボディアーマーが破片の脅威に対して有効だと立証し、IED事件に対する初動要員が着用すべき防護装備の指針を示すには、時間がかかる。

## 対応と総合調整に当たっての留意事項

事前の了解覚書(MOU)・合意覚書(MOA)・標準作業手順書(SOP)ならびに日頃からの演習、計画および訓練を通じて、異なる組織間の連携を最大限確保すること。これらの取り組みは、負傷者が治療を受けるまでの時間を短縮するのに役立つ。

対応中、そして事件現場にいる間、それぞれの対応要員の役割(救急・消防・警察)を相互に理解して指揮系統を一本化すること。共通の周波数で通信し、標準化された用語を使うよう努めること。すべての初動要員(救急・消防・警察)が、早期の積極的な止血処置の訓練を確実に受けて、事件の発生に備えるようにすること。事件発生後はすべての初動要員が防護服(防弾ベスト、ヘルメット、眼鏡類を含む)を装着し、より統制された対応と総合調整を行うこと。

【訳者より】2005年7月7日のロンドン同時爆破テロでは、2階建てバス1台も爆破された。バスの後ろで死亡した乗客の体が激しく傷ついたため、同時爆破テロ全体の死者数の確定が遅れた。

ロンドン同時爆破テロにあったバス
(米国土安全保障省サイト)

## 医療対応システム

IEDの爆発は、瞬時に数百人を死傷させ(オクラホマシティ連邦政府ビル爆破事件の死傷者は700人以上)、ごく軽傷から最重度に及ぶさまざまな重傷度の負傷者が大量に発生する可能性がある。

第2部　撃たれた人の救命

　この種の事件に対するシステム全体としての医療対応は、米軍（医療システムおよび個々の患者に対するケアの両方）および米国内外の経験から学んだ教訓を取り入れ、組織間の十分な調整を図るべきである。日常的に発生する緊急事態の管理とは異なり、銃乱射事件への対応は全国レベルの外傷・救急医療システムにとっての異常事態となる。

　システム全体の取り組みには、被害者自身による応急処置、同僚の手当て、通りすがりの人の手当てに始まり、適当な患者を適切な医療施設へ迅速に秩序正しく届けるための適切で効率的な病院前トリアージと搬送まで、多岐にわたる活動が求められる。病院前救急医療、救急車、ヘリコプターおよび飛行機による患者搬送、外傷センター、病院、リハビリ施設などが、この取り組みの場となる。

### 病院前救急医療に当たっての留意事項

　患者のために重要な留意事項は、四肢の傷からの致命的な出血を止められれば、治療可能な出血による死者は減ると実証されていることだ。米軍の病院前治療は2005年以後の戦争中に大きく進歩し、適切に実施された場合、戦傷の死亡率を大幅に下げることができるようになったからだ。

　イラクとアフガニスタンの戦争でIEDによる負傷が増え、2013年4月15日のボストン・マラソン爆弾テロ事件において、IEDが米国内で使用されるに至った。したがって、米国ではIEDを含む銃乱射事件が負傷の原因として重要になっている。在来の病院前治療と大きく異なるとはいえ、米軍で実施されている以下のような医療処置は、非軍事組織においても適切である。

1）積極的な止血──止血帯、必要に応じて止血剤の使用を含む。
2）積極的な気道確保──「座って前かがみになる」気道確保の姿勢を含む。

3）すべての初動要員に対する自分自身、同僚および通りすがりの人への手当ての訓練。

### 医療システム全体への病院前治療の影響

諸外国の爆弾テロの経験は、同時多発攻撃によっておびただしい死傷者が発生し、救急医療要員のリソースを超えることなど、病院前治療の課題の共通点を示している。被害者自身による手当、同僚や通りすがりの人への手当および初動要員による応急処置として、適切な手法を採用することは、ただちに救命処置を提供できる要員の裾野を広げるため欠かせない。

救急隊は事件現場で迅速かつ正確に負傷者のトリアージを行い、「最優先治療」に分類された人々を素早く適切な医療施設に搬送しなければならない。

負傷した患者に対する病院前トリアージは、できるだけ効率的かつ正確であることが必須である。患者の重傷度を過大評価すると、より重傷の患者の治療を目的として設計された専門センターに過度の負担をかける。その一方で、患者の重傷度を過小評価すると、必要な救命処置ができない可能性のある施設に重傷者を送ることにつながる。

受けた傷の種類や程度に応じて必要なレベルの治療が行える、もっとも適切な病院へ負傷者を送るためには、適切なトリアージに加え、負傷者の搬送を注意深く調整しなければならない。救急車、警察車両および民間車が負傷者を搬送し、さらに軽傷者が歩いて来るので、最寄りの病院は、すぐに患者であふれる場合が多い。

そこへ患者が殺到することは、救急医療システムによる管理が及ばない人間の行動の結果である。救急医療システムはこの可能性を認識し、最寄りの病院が機能を最大限に発揮できる状態にできるだけ早く戻るよう、負傷した患者を再度振り分ける計画を立てておく

必要がある。

また、事態の総合調整者は、負傷者の家族、「心理的ショックを受けた」という人々、そしてメディアの到着に伴い、安全と警備を確保する必要についても予測し、備えておくべきだ。

さらに、救急隊は、一見無傷にみえる人が、爆発の圧力波によって外傷性脳損傷、鼓膜損傷または内臓管腔臓器損傷を負っている可能性を考慮する必要がある。こうした配慮は、計画・手順・訓練・演習によって補強しなければならない。

### 病院における外傷治療システムに関する留意事項

米国内外の病院は、爆弾テロで次のような課題に直面した。
1）事件現場から情報を得るのが難しい。
2）患者の搬送先が偏る。たとえば、大事件1件の現場に近い病院15か所のうち2か所に、負傷者の約60パーセントが搬送されるような事態が起きる。
3）負傷者を適切に治療するため、病院の医療従事者が多数必要になる。
4）すべての治療現場で多数死傷事故・事件対応計画を実施しなければならない。たとえば放射線科の医師や看護師も、銃乱射事件の負傷者の治療を求められるので、事件と無関係な、足首を捻挫した人のレントゲン撮影は後回しにすることになる。
5）病院が犯人グループに狙われるおそれがある。
6）負傷の程度に応じて大量輸血プロトコル（MTP）を実施する（訳注・濃厚赤血球、新鮮凍結血漿、濃厚血小板を全血に近い比率で投与する）。
7）負傷の程度に応じて医療従事者等の補充・再雇用計画を実施する。
8）負傷の程度に応じて患者の搬送・転送計画を実施する。

爆弾テロに対応した医療部門のリーダーたちによると、大事件の死傷者の過半数は現場にもっとも近い病院に集中する。現場を離れることができた軽傷者は、救急隊のトリアージを受けずに、重傷者より先に病院に現れる場合がある。患者が殺到すると、病院の対応能力を超えて、需要の急増に応えられないことによる「機能の崩壊」を招くおそれがある。このような場合には、患者を他の病院へ再配分する必要が生じる。

どの病院の対応能力も超えないように患者を配分することは、多数の負傷者が発生する爆弾攻撃などに際して、医療能力を臨時に増強する取り組みの大原則である。

現場付近の病院は、押し寄せる多数の負傷者に対応するために、来援する医療従事者の手をただちに借りて、負傷者の再トリアージを行い、適切な医療を提供しなければならない。来援する医療従事者等には医師、看護師、輸血や呼吸療法の臨床工学技士、精神医療従事者、病院付きの聖職者も含まれる。さらに、秩序維持と警備のために、警察官もおそらく必要となる。

事件発生から数時間以内に、これらの応援要員は主に周辺地域から到着することになるが、遠くから医療従事者が来る場合もある。近くの病院と医療従事者による応援について、資格や権限を事前に確認して計画を立てておくことに比べて、他州の天災・人災の応援に入った医療従事者の資格を認定して権限を与えることは難しい。

### 患者の搬送・転送に当たっての留意事項

多数の負傷者の治療を最適化するためには、現場付近の病院に負傷者が集まるにつれて、重傷者の一部を他の医療施設に転送すべきだ。これには入院患者の病室、手術室、集中治療室およびリハビリベッドの利用のバランスをとる目的で、レベル1外傷センター（訳注・外傷患者に高度な手術を24時間行うことができる）や他の病院へ

転送することを含む。事件の発生した場所によっては、患者を他の地域または州へ転送する可能性もある。重傷者の長距離移送には、ドクターヘリ等による航空医療搬送能力がおそらく必要となる。

## シナリオ4　小規模のテロ・ゲリラ攻撃

爆薬量2.2キログラム未満のIEDを用いた小規模の攻撃。爆発の中心から被害者までの距離は、1.5メートル以下と想定される。C-4など高エネルギー爆薬が使用されると、小さな破片が高速で飛び散る。対照的に、低エネルギー爆薬である黒色火薬を詰めた鉄パイプ爆弾の場合、大きな破片が低速で狭い範囲に飛び散る。こうした小規模の攻撃は単発で行われることが多く、初動要員が到着する前に爆発が起きる。

**初動要員の視点の例**：あなたは爆発が通報された住宅に呼び出された。住人の一人によると、母親が小包を受け取って開いたところ爆発した。被害者は2人と通報されたが、状況はわからない。爆発が起きたとき、通報者は家の反対側にいた。

### 予測される負傷のパターン

生存者にありうる負傷は、指または肢体1本の切断、軟組織の負傷、火傷、目と鼓膜の負傷などがある。

### 防護装備と防壁

減災対策（二次的予防措置）とは、爆発事件の影響を軽減するための手段や行動である。防爆壁や耐力壁は、通りがかりの人や初動要員を、爆傷や破片からある程度守ることができる。[xxiv]

脅威に基づくシナリオ

> 【脚注xxiv】爆傷の原因は、固体または液体が急速に変換されて発生した高圧の気体が、急膨張して周りの空気を圧縮することである。この反応で圧力パルスが発生し、爆発波として全方位に広がる。爆発波の効果は、屋外よりも屋内やバス車内のような閉所のほうが大きい。衝撃波は、壁・床・天井に反射されると増幅される。屋外の爆発で生じた爆発波は、急速に消散する。閉所で起きた爆発では、過圧現象が爆発波の致死的効果を強めると理解されている。

　防弾装備の着用も減災対策の一つだが、繊維系およびセラミックプレート型のボディアーマーは、即製爆発装置（IED）の破片や爆風の圧力を防げない場合がある。ほとんどの防護装備は防弾を優先しており、破片効果や爆風の圧力を和らげる能力は未確認か、かなり限られているおそれがある。

　防護装備や防爆壁が有効性を発揮するためには、脅威情報に基づいて積極的に活用されなければならない。したがって、爆発事件の発生に規則性がなくて予測が不可能で、なんら警戒も防備もしていない人々の集団が狙われた場合、防護装備や防爆壁はほとんど役に立たない。

　防弾装備は、IEDと銃乱射を組み合わせた攻撃に対してある程度有効である。

　過去の経験からすると、攻撃犯が初動要員または被害者の受け入れ先の病院に二次被害を与える目的で、後続のIEDを爆発させようと計画している場合もある。

　初動要員の防弾装備については、救急救命士と消防士にはどの種類の装備が最適なのか、そしていつ着用すべきかを検討しなければならない。どのシフト（交代勤務時間）でも着用するのか、競技場で勤務するときのようにリスクが高いときだけか、IED事件に対

応するときだけか、という三通りの考え方がありうる。

　現場指揮官は防護装備や戦術行動を、状況に即したIEDリスク評価に基づいて判断することが決定的に重要であり、爆薬量の多いIEDの存在が疑われるか確認された場合は、とくに重要だ。防護装備や戦術行動を決めるときに爆薬量を計算に入れなければ、油断することになる。

### 一般的に着用される防護装備

　事件に対応する警察官の大多数は、ほとんどの拳銃弾や散弾を防ぐよう設計されたタイプⅡまたはⅢAの防弾ベストを装着しているはずだ。このレベルの防護装備は、IEDの過圧効果と破片効果に対しては不十分だし、四肢を防護しない。警察官以外の初動要員が防弾装備を身に着けていることは、通常はない。公共の場にいる民間人が防弾装備を着用していることも、まずない。

### 防護装備によるリスク軽減に関する留意事項

　米司法省国家司法研究所（NIJ）が定めるボディアーマーの規格は、各レベルのボディアーマーがどの拳銃弾を確実に防御すべきかを指定している。この規格には、ボディアーマーが着用者を破片効果から守るという要件はない。タイプⅣのボディアーマーを着用すれば、IEDの過圧効果と破片効果にもある程度の効果を期待できる。ただし、NIJ規格のボディアーマーが破片の脅威に対して有効だと立証し、IED事件に対する初動要員が着用すべき防護装備の指針を示すには、時間がかかる。

### 対応と総合調整に当たっての留意事項

　事前の了解覚書（MOU）・合意覚書（MOA）・標準作業手順書（SOP）ならびに日頃からの演習、計画および訓練を通じて、異な

脅威に基づくシナリオ

る組織間の連携を最大限確保すること。これらの取り組みは、負傷者が治療を受けるまでの時間を短縮するのに役立つ。

対応中、そして事件現場にいる間、それぞれの対応要員の役割（救急・消防・警察）を相互に理解して指揮系統を一本化すること。共通の周波数で通信し、標準化された用語を使うよう努めること。すべての初動要員（救急・消防・警察）が、早期の積極的な止血処置の訓練を確実に受けて、事件の発生に備えるようにすること。事件発生後はすべての初動要員が防護服（防弾ベスト、ヘルメット、眼鏡類を含む）を装着し、より統制された対応と総合調整を行うこと。

---

【訳者より】郵便爆弾の警戒を呼びかける米国郵便公社のポスター。郵便爆弾の特徴として、差出人の名前がないこと、宛先のつづり等の誤り、外国からの郵送、小包の重さの偏りや油のしみなどを挙げている。

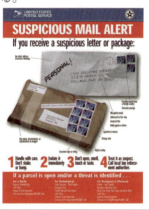

---

### 医療対応システム

このシナリオのような小型の爆発物にも、対応の課題があり、リソースが必要となるものの、医療システムの負担は大きな IED の

場合ほどではない。事件への対応は、米軍（医療システムおよび個々の患者に対するケアの両方）および米国内外の経験から学んだ教訓を取り入れ、組織間の十分な調整を図るべきである。

システム全体の取り組みには、被害者自身による応急処置、同僚の手当て、通りすがりの人の手当てに始まり、適当な患者を適切な医療施設へ迅速に秩序正しく届けるための適切で効率的な病院前トリアージと搬送まで、多岐にわたる活動が求められる。病院前救急医療、救急車、ヘリコプターおよび飛行機による患者搬送、外傷センター、病院、リハビリ施設などが、この取り組みの場となる。

### 病院前救急医療に当たっての留意事項

患者のために重要な留意事項は、四肢の傷からの致命的な出血を止められれば、治療可能な出血による死者は減ると実証されていることだ。米軍の病院前治療は2005年以後の戦争中に大きく進歩し、適切に実施された場合、戦傷の死亡率を大幅に下げることができるようになったからだ。

イラクとアフガニスタンの戦争でIEDによる負傷が増え、2013年4月15日のボストン・マラソン爆弾テロ事件において、IEDが米国内で使用されるに至った。したがって、米国ではIEDを含む銃乱射事件が負傷の原因として重要になっている。在来の病院前治療と大きく異なるとはいえ、米軍で実施されている以下のような医療処置は、非軍事組織においても適切である。

1）積極的な止血——止血帯、必要に応じて止血剤の使用を含む。
2）積極的な気道確保——「座って前かがみになる」気道確保の姿勢を含む。
3）すべての初動要員に対する自分自身、同僚および通りすがりの人への手当ての訓練。

### 医療システム全体への病院前治療の影響

　諸外国の爆弾テロの経験は、同時多発攻撃によっておびただしい死傷者が発生し、救急医療要員のリソースを超えることなど、病院前治療の課題の共通点を示している。被害者自身による手当、同僚や通りすがりの人への手当および初動要員による応急処置として、適切な手法を採用することは、ただちに救命処置を提供できる要員の裾野を広げるため欠かせない。

　救急隊は事件現場で迅速かつ正確に負傷者のトリアージを行い、「最優先治療」に分類された人々を素早く適切な医療施設に搬送しなければならない。

　負傷した患者に対する病院前トリアージは、できるだけ効率的かつ正確であることが必須である。患者の重傷度を過大評価すると、より重傷の患者の治療を目的として設計された専門センターに過度の負担をかける。その一方で、患者の重傷度を過小評価すると、必要な救命処置ができない可能性のある施設に重傷者を送ることにつながる。

　受けた傷の種類や程度に応じて必要なレベルの治療が行える、もっとも適切な病院へ負傷者を送るためには、適切なトリアージに加え、負傷者の搬送を注意深く調整しなければならない。救急車、警察車両および民間車が負傷者を搬送し、さらに軽傷者が歩いて来るので、最寄りの病院は、すぐに患者であふれる場合が多い。

　そこへ患者が殺到することは、救急医療システムによる管理が及ばない人間の行動の結果である。救急医療システムはこの可能性を認識し、最寄りの病院が機能を最大限に発揮できる状態にできるだけ早く戻るよう、負傷した患者を再度振り分ける計画を立てておく必要がある。

　また、事態の総合調整者は、負傷者の家族、「心理的ショックを受けた」という人々、そしてメディアの到着に伴い、安全と警備を

確保する必要についても予測し、備えておくべきだ。

さらに、救急隊は、一見無傷にみえる人が、爆発の圧力波によって外傷性脳損傷、鼓膜損傷または内臓管腔臓器損傷を負っている可能性を考慮する必要がある。こうした配慮は、計画・手順・訓練・演習によって補強しなければならない。

### 病院における外傷治療システムに関する留意事項

米国内外の病院は、爆弾テロで次のような課題に直面した。
1）事件現場から情報を得るのが難しい。
2）患者の搬送先が偏る。たとえば、大事件1件の現場に近い病院15か所のうち2か所に、負傷者の約60パーセントが搬送されるような事態が起きる。
3）負傷者を適切に治療するため、病院の医療従事者が多数必要になる。
4）すべての治療現場で多数死傷事故・事件対応計画を実施しなければならない。たとえば放射線科の医師や看護師も、銃乱射事件の負傷者の治療を求められるので、事件と無関係な、足首を捻挫した人のレントゲン撮影は後回しにすることになる。
5）病院が犯人グループに狙われるおそれがある。
6）負傷の程度に応じて大量輸血プロトコル（MTP）を実施する（訳注・濃厚赤血球、新鮮凍結血漿、濃厚血小板を全血に近い比率で投与する）。
7）負傷の程度に応じて医療従事者等の補充・再雇用計画を実施する。
8）負傷の程度に応じて患者の搬送・転送計画を実施する。

爆弾テロに対応した医療部門のリーダーたちによると、大事件の死傷者の過半数は現場にもっとも近い病院に集中する。現場を離れ

ることができた軽傷者は、救急隊のトリアージを受けずに、重傷者より先に病院に現れる場合がある。患者が殺到すると、病院の対応能力を超えて、需要の急増に応えられないことによる「機能の崩壊」を招くおそれがある。このような場合には、患者を他の病院へ再配分する必要が生じる。

どの病院の対応能力も超えないように患者を配分することは、多数の負傷者が発生する爆弾攻撃などに際して、医療能力を臨時に増強する取り組みの大原則である。

現場付近の病院は、押し寄せる多数の負傷者に対応するために、来援する医療従事者の手をただちに借りて、負傷者の再トリアージを行い、適切な医療を提供しなければならない。来援する医療従事者等には医師、看護師、輸血や呼吸療法の臨床工学技士、精神医療従事者、病院付きの聖職者も含まれる。さらに、秩序維持と警備のために、警察官もおそらく必要となる。

事件発生から数時間以内に、これらの応援要員は主に周辺地域から到着することになるが、遠くから医療従事者が来る場合もある。近くの病院と医療従事者による応援について、資格や権限を事前に確認して計画を立てておくことに比べて、他州の天災・人災の応援に入った医療従事者の資格を認定して権限を与えることは難しい。

### 患者の搬送・転送に当たっての留意事項

多数の負傷者の治療を最適化するためには、現場付近の病院に負傷者が集まるにつれて、重傷者の一部を他の医療施設に転送すべきだ。これには入院患者の病室、手術室、集中治療室およびリハビリベッドの利用のバランスをとる目的で、レベル1外傷センター（訳注・外傷患者に高度な手術を24時間行うことができる）や他の病院へ転送することを含む。事件の発生した場所によっては、患者を他の地域または州へ転送する可能性もある。重傷者の長距離移送には、

第 2 部　撃たれた人の救命

ドクターヘリ等による航空医療搬送能力がおそらく必要となる。

## シナリオ5　自爆テロを強制された者

この種の IED 攻撃には、重要インフラ、集会や人混み、または特定の人物を攻撃する目的で、爆薬量 2.2-11.3 キログラムの IED を、自爆ベストとして着用するか運ぶことを強制された人がいる。このシナリオは、自爆ベストが上から衣服で隠されている場合を含む。爆発の中心から被害者までの距離は、1.5-3 メートルと想定される。被害者が防護装備を着用しているとは考えられない。

**初動要員の視点の例**：あなたは、動揺している人がいるという満員の映画館に呼び出された。ロビーに到着すると、自爆ベストを錠前で固定され、おびえた様子の男性 1 人が立っていた。彼が持っている手紙に書かれた要求が満たされなければ、手紙の差出人がこの自爆ベストを起爆するという。彼は助けを求めて、あなたの方へ歩き始めた。映画館の客は、自爆ベストを着た男性がいるとは知らない。

### 予測される負傷のパターン
生存者にありうる負傷は、肢体 1 ～ 2 本の切断、手足の血管の負傷、胸腔・腹腔の貫通外傷、外傷性脳損傷（頭部の貫通外傷を含む）、頸部外傷、閉所での爆発による肺挫傷などがある。

### 防護装備と防壁
減災対策（二次的予防措置）とは、爆発事件の影響を軽減するための手段や行動である。防爆壁や耐力壁は、通りがかりの人や初動要員を、爆傷や破片からある程度守ることができる。[xxv]

脅威に基づくシナリオ

> 【脚注xxv】爆傷の原因は、固体または液体が急速に変換されて発生した高圧の気体が、急膨張して周りの空気を圧縮することである。この反応で圧力パルスが発生し、爆発波として全方位に広がる。爆発波の効果は、屋外よりも屋内やバス車内のような閉所のほうが大きい。衝撃波は、壁・床・天井に反射されると増幅される。屋外の爆発で生じた爆発波は、急速に消散する。閉所で起きた爆発では、過圧現象が爆発波の致死的効果を強めると理解されている。

 防弾装備の着用も減災対策の一つだが、繊維系およびセラミックプレート型のボディアーマーは、即製爆発装置（IED）の破片や爆風の圧力を防げない場合がある。ほとんどの防護装備は防弾を優先しており、破片効果や爆風の圧力を和らげる能力は未確認か、かなり限られているおそれがある。

 防護装備や防爆壁が有効性を発揮するためには、脅威情報に基づいて積極的に活用されなければならない。したがって、爆発事件の発生に規則性がなくて予測が不可能で、なんら警戒も防備もしていない人々の集団が狙われた場合、防護装備や防爆壁はほとんど役に立たない。

 防弾装備は、IEDと銃乱射を組み合わせた攻撃に対してある程度有効である。

 過去の経験からすると、攻撃犯が初動要員または被害者の受け入れ先の病院に二次被害を与える目的で、後続のIEDを爆発させようと計画している場合もある。

 初動要員の防弾装備については、救急救命士と消防士にはどの種類の装備が最適なのか、そしていつ着用すべきかを検討しなければならない。どのシフト（交代勤務時間）でも着用するのか、競技場で勤務するときのようにリスクが高いときだけか、IED事件に対

応するときだけか、という三通りの考え方がありうる。

　現場指揮官は防護装備や戦術行動を、状況に即したIEDリスク評価に基づいて判断することが決定的に重要であり、爆薬量の多いIEDの存在が疑われるか確認された場合は、とくに重要だ。この種のIEDは、車爆弾を含めて、一般的な防護装備やよくある遮蔽物では軽減できないほどの過圧効果を発生しうる。防護装備や戦術行動を決めるときに爆薬量を計算に入れなければ、油断することになる。

### 一般的に着用される防護装備

　事件に対応する警察官の大多数は、ほとんどの拳銃弾や散弾を防ぐよう設計されたタイプⅡまたはⅢAの防弾ベストを装着しているはずだ。このレベルの防護装備は、IEDの過圧効果と破片効果に対しては不十分だし、四肢を防護しない。警察官以外の初動要員が防弾装備を身に着けていることは、通常はない。公共の場にいる民間人が防弾装備を着用していることも、まずない。

### 防護装備によるリスク軽減に関する留意事項

　米司法省国家司法研究所（NIJ）が定めるボディアーマーの規格は、各レベルのボディアーマーがどの拳銃弾を確実に防御すべきかを指定している。この規格には、ボディアーマーが着用者を破片効果から守るという要件はない。タイプⅣのボディアーマーを着用すれば、IEDの過圧効果と破片効果にもある程度の効果を期待できる。ただし、NIJ規格のボディアーマーが破片の脅威に対して有効だと立証し、IED事件に対する初動要員が着用すべき防護装備の指針を示すには、時間がかかる。

脅威に基づくシナリオ

### 対応と総合調整に当たっての留意事項

事前の了解覚書（MOU）・合意覚書（MOA）・標準作業手順書（SOP）ならびに日頃からの演習、計画および訓練を通じて、異なる組織間の連携を最大限確保すること。これらの取り組みは、負傷者が治療を受けるまでの時間を短縮するのに役立つ。

対応中、そして事件現場にいる間、それぞれの対応要員の役割（救急・消防・警察）を相互に理解して指揮系統を一本化すること。共通の周波数で通信し、標準化された用語を使うよう努めること。すべての初動要員（救急・消防・警察）が、早期の積極的な止血処置の訓練を確実に受けて、事件の発生に備えるようにすること。事件発生後はすべての初動要員が防護服（防弾ベスト、ヘルメット、眼鏡類を含む）を装着し、より統制された対応と総合調整を行うこと。

【訳者より】爆発物探知・処理訓練用の自爆ベスト（米運輸保安局撮影）。民間の訓練業者のもので、爆発しないが、無届けで航空手荷物として預けられたため、運輸保安局が検査した。

### 医療対応システム

IEDの爆発は、瞬時に数百人を死傷させ（オクラホマシティ連邦政府ビル爆破事件の死傷者は700人以上）、ごく軽傷から最重度に及

ぶさまざまな重傷度の負傷者が大量に発生する可能性がある。

この種の事件に対するシステム全体としての医療対応は、米軍（医療システムおよび個々の患者に対するケアの両方）および米国内外の経験から学んだ教訓を取り入れ、組織間の十分な調整を図るべきである。日常的に発生する緊急事態の管理とは異なり、銃乱射事件への対応は全国レベルの外傷・救急医療システムにとっての異常事態となる。

システム全体の取り組みには、被害者自身による応急処置、同僚の手当て、通りすがりの人の手当てに始まり、適当な患者を適切な医療施設へ迅速に秩序正しく届けるための適切で効率的な病院前トリアージと搬送まで、多岐にわたる活動が求められる。病院前救急医療、救急車、ヘリコプターおよび飛行機による患者搬送、外傷センター、病院、リハビリ施設などが、この取り組みの場となる。

### 病院前救急医療に当たっての留意事項

患者のために重要な留意事項は、四肢の傷からの致命的な出血を止められれば、治療可能な出血による死者は減ると実証されていることだ。米軍の病院前治療は2005年以後の戦争中に大きく進歩し、適切に実施された場合、戦傷の死亡率を大幅に下げることができるようになったからだ。

イラクとアフガニスタンの戦争でIEDによる負傷が増え、2013年4月15日のボストン・マラソン爆弾テロ事件において、IEDが米国内で使用されるに至った。したがって、米国ではIEDを含む銃乱射事件が負傷の原因として重要になっている。在来の病院前治療と大きく異なるとはいえ、米軍で実施されている以下のような医療処置の採用を、非軍事組織も検討すべきだ。

1）積極的な止血——止血帯、必要に応じて止血剤の使用を含む。
2）積極的な気道確保——「座って前かがみになる」気道確保の

姿勢を含む。
3）すべての初動要員に対する自分自身、同僚および通りすがりの人への手当ての訓練。

### 医療システム全体への病院前治療の影響

諸外国の爆弾テロの経験は、同時多発攻撃によっておびただしい死傷者が発生し、救急医療要員のリソースを超えることなど、病院前治療の課題の共通点を示している。被害者自身による手当、同僚や通りすがりの人への手当および初動要員による応急処置として、適切な手法を採用することは、ただちに救命処置を提供できる要員の裾野を広げるため欠かせない。

救急隊は事件現場で迅速かつ正確に負傷者のトリアージを行い、「最優先治療」に分類された人々を素早く適切な医療施設に搬送しなければならない。

負傷した患者に対する病院前トリアージは、できるだけ効率的かつ正確であることが必須である。患者の重傷度を過大評価すると、より重傷の患者の治療を目的として設計された専門センターに過度の負担をかける。その一方で、患者の重傷度を過小評価すると、必要な救命処置ができない可能性のある施設に重傷者を送ることにつながる。

受けた傷の種類や程度に応じて必要なレベルの治療が行える、もっとも適切な病院へ負傷者を送るためには、適切なトリアージに加え、負傷者の搬送を注意深く調整しなければならない。救急車、警察車両および民間車が負傷者を搬送し、さらに軽傷者が歩いて来るので、最寄りの病院は、すぐに患者であふれる場合が多い。

そこへ患者が殺到することは、救急医療システムによる管理が及ばない人間の行動の結果である。救急医療システムはこの可能性を認識し、最寄りの病院が機能を最大限に発揮できる状態にできるだ

け早く戻るよう、負傷した患者を再度振り分ける計画を立てておく必要がある。

また、事態の総合調整者は、負傷者の家族、「心理的ショックを受けた」という人々、そしてメディアの到着に伴い、安全と警備を確保する必要についても予測し、備えておくべきだ。

さらに、救急隊は、一見無傷にみえる人が、爆発の圧力波によって外傷性脳損傷、鼓膜損傷または内臓管腔臓器損傷を負っている可能性を考慮する必要がある。こうした配慮は、計画・手順・訓練・演習によって補強しなければならない。

### 病院における外傷治療システムに関する留意事項

米国内外の病院は、爆弾テロで次のような課題に直面した。

1) 事件現場から情報を得るのが難しい。
2) 患者の搬送先が偏る。たとえば、大事件1件の現場に近い病院15か所のうち2か所に、負傷者の約60パーセントが搬送されるような事態が起きる。
3) 負傷者を適切に治療するため、病院の医療従事者が多数必要になる。
4) すべての治療現場で多数死傷事故・事件対応計画を実施しなければならない。たとえば放射線科の医師や看護師も、銃乱射事件の負傷者の治療を求められるので、事件と無関係な、足首を捻挫した人のレントゲン撮影は後回しにすることになる。
5) 病院が犯人グループに狙われるおそれがある。
6) 負傷の程度に応じて大量輸血プロトコル（MTP）を実施する（訳注・濃厚赤血球、新鮮凍結血漿、濃厚血小板を全血に近い比率で投与する）。
7) 負傷の程度に応じて医療従事者等の補充・再雇用計画を実施する。

8）負傷の程度に応じて患者の搬送・転送計画を実施する。

　爆弾テロに対応した医療部門のリーダーたちによると、大事件の死傷者の過半数は現場にもっとも近い病院に集中する。現場を離れることができた軽傷者は、救急隊のトリアージを受けずに、重傷者より先に病院に現れる場合がある。患者が殺到すると、病院の対応能力を超えて、需要の急増に応えられないことによる「機能の崩壊」を招くおそれがある。このような場合には、患者を他の病院へ再配分する必要が生じる。
　どの病院の対応能力も超えないように患者を配分することは、多数の負傷者が発生する爆弾攻撃などに際して、医療能力を臨時に増強する取り組みの大原則である。
　現場付近の病院は、押し寄せる多数の負傷者に対応するために、来援する医療従事者の手をただちに借りて、負傷者の再トリアージを行い、適切な医療を提供しなければならない。来援する医療従事者等には医師、看護師、輸血や呼吸療法の臨床工学技士、精神医療従事者、病院付きの聖職者も含まれる。さらに、秩序維持と警備のために、警察官もおそらく必要となる。
　事件発生から数時間以内に、これらの応援要員は主に周辺地域から到着することになるが、遠くから医療従事者が来る場合もある。近くの病院と医療従事者による応援について、資格や権限を事前に確認して計画を立てておくことに比べて、他州の天災・人災の応援に入った医療従事者の資格を認定して権限を与えることは難しい。

## シナリオ6　自家製爆発物の発見・回収（攻撃ではない）

　爆発物を手に入れようとする者には、インターネット上の説明書にある原料と方法を用いて自作する者が多い。こうした「自家製」

爆発物には独特の危険がある。未経験者が、工業設備も十分な品質管理手順も用いないで作るからだ。ヘキサメチレントリペルオキシドジアミン（HMTD）、トリアセトントリペルオキシド（TATP）、アジ化鉛は、熱・摩擦・衝撃を受けると爆発しやすく、反応が予測しがたいので、自家製造はとくに危険だ。爆薬の地下工場は麻薬精製施設に設備の外見が似ているので、消防（危険物）・救急・警察の初動要員は、現場に踏み込んでも危険に気づかないおそれがある。この種のシナリオにおける被害者（密造者または初動要員）は、爆発物と直接接触している場合が多い。

**初動要員の視点の例**：あなたは地下室火災の現場におり、消防士は意識のない負傷者を運び出した。この負傷者は爆傷を負っており、左手の指数本と右手が切断されている。消防士によると、火災は鎮まったが、火災と爆発のあった場所の隣には、中身の不明な容器がいくつかある。

### 予測される負傷のパターン

生存者にありうる負傷は、火傷、外傷による指または肢体の切断、軟組織の負傷、目の負傷、鼓膜の破裂などがある。負傷の種類と程度は、現場の爆発物の種類と量によって変わる。

### 防護装備と防壁

負傷者を運び出したら、現場を封鎖して、適切な防護装備を着用した初動要員しか入れないようにすること。防火服、化学防護服、対爆スーツのどれが必要なのか、現場で決めなければならない。

現場指揮官は防護装備や戦術行動を、状況に即したIEDリスク評価に基づいて判断することが決定的に重要であり、大量の爆薬の存在が疑われるか確認された場合は、とくに重要だ。大量の爆薬は、

一般的な防護装備やよくある遮蔽物では軽減できないほどの過圧効果を発生しうる。防護装備や戦術行動を決めるときに爆薬量を計算に入れなければ、油断することになる。

### 一般的に着用される防護装備

警察官は、ほとんどの拳銃弾・散弾および尖っていない破片を防ぐよう設計されたタイプⅡまたはⅢAの防弾ベストを装着しているはずだ。警察官以外の初動要員が防弾装備を身に着けていることは、通常はない。消防士は防火服の上着とズボンを着て、防火ヘルメットを被っている。爆発物処理隊員は、対爆スーツを完全装備しているか、動きやすいように対爆性能を落とした防護装備を着用している。

### 防護装備によるリスク軽減に関する留意事項

米司法省国家司法研究所（NIJ）が定めるボディアーマーの規格は、各レベルのボディアーマーがどの拳銃弾を確実に防御すべきかを指定している。この規格には、ボディアーマーが着用者を破片効果から守るという要件はない。タイプⅣのボディアーマーを着用すれば、IEDの過圧効果と破片効果にもある程度の効果を期待できる。ただし、NIJ規格のボディアーマーが破片の脅威に対して有効だと立証し、IED事件に対する初動要員が着用すべき防護装備の指針を示すには、時間がかかる。

### 対応と総合調整に当たっての留意事項

事前の了解覚書（MOU）・合意覚書（MOA）・標準作業手順書（SOP）ならびに日頃からの演習、計画および訓練を通じて、異なる組織間の連携を最大限確保すること。これらの取り組みは、負傷者が治療を受けるまでの時間を短縮するのに役立つ。

第 2 部　撃たれた人の救命

　対応中、そして事件現場にいる間、それぞれの対応要員の役割（救急・消防・警察）を相互に理解して指揮系統を一本化すること。共通の周波数で通信し、標準化された用語を使うよう努めること。すべての初動要員（救急・消防・警察）が、早期の積極的な止血処置の訓練を確実に受けて、事件の発生に備えるようにすること。事件発生後はすべての初動要員が防護服（防弾ベスト、ヘルメット、眼鏡類を含む）を装着し、より統制された対応と総合調整を行うこと。

### 病院前救急医療に当たっての留意事項

　患者のために重要な留意事項は、四肢の傷からの致命的な出血を止められれば、治療可能な出血による死者は減ると実証されていることだ。米軍の病院前治療は2005年以後の戦争中に大きく進歩し、適切に実施された場合、戦傷の死亡率を大幅に下げることができるようになったからだ。

　イラクとアフガニスタンの戦争でIEDによる負傷が増え、2013年4月15日のボストン・マラソン爆弾テロ事件において、IEDが米国内で使用されるに至った。したがって、米国ではIEDを含む銃乱射事件が負傷の原因として重要になっている。在来の病院前治療と大きく異なるとはいえ、米軍で実施されている以下のような医療処置の採用を、非軍事組織も検討すべきだ。

1）積極的な止血——止血帯、必要に応じて止血剤の使用を含む。
2）積極的な気道確保——「座って前かがみになる」気道確保の姿勢を含む。
3）すべての初動要員に対する自分自身、同僚および通りすがりの人への手当ての訓練。
4）このシナリオでは有毒化学物質が放出されているので、患者と対応要員の両方について、除染の必要性に留意しなければならない。

【訳者より】FBIが発見して破壊した自家製爆発物・原料・器材

## シナリオ7：初動要員の進入が阻止されている銃乱射事件

2人の銃乱射犯が公共の建物の屋内を攻撃し、初動要員の現場への進入を阻止するために致死性の化学物質を散布している。銃乱射犯は、現場への主要な出入り口2か所に隣接した場所に、化学物質が入ったバケツを置き、初動要員の進入を阻止するために有毒な煙幕を発生させ、300人ほどの人が集まっている建物の中央部分で半自動火器、拳銃、散弾銃で発砲し始めた。

**初動要員の視点の例**：あなたは混雑している屋内型ショッピングモール内の現場に、第一陣として呼び出された。人々が施設から逃げ出してきており、あなたの目の前にある出口扉の外側に何人かの被害者が倒れている。逃げ出してきた人々のうち数人は一見して苦しそうで、呼吸がしづらいようだ。ドアから白い煙が見え、複数の場所からと思われる発砲音も聞こえる。

### 予測される負傷のパターン
- さまざまな口径の銃による複数の銃創

- 銃創、化学物質暴露および手当ての遅れのため、広い範囲で死傷者が増える
- 逃げる最中に負った、銃弾によらない傷（裂傷、骨折）

　化学物質は危険ないし致死的な影響をもたらし、危険物質のある環境へ進入する準備をしていない初動要員の現場対応を、著しく遅らせる障壁となる。従来の危険物対策では現場での対応が遅れ、出血の拡大を招く。

### 防護装備と防壁

　このシナリオの初動要員の防護装備には、防弾性ならびに呼吸器官、粘膜および皮膚を毒物や煙から守る性能が求められる。

　繊維系およびセラミックプレート型のボディアーマーは、即製爆発装置（IED）の破片や爆風の圧力を防げない場合がある。ほとんどの防護装備は防弾を優先しており、とくに車爆弾のように爆薬量の多い爆発装置に対しては、破片効果や爆風の圧力を和らげる能力は未確認か、かなり限られているおそれがある。

　現場の障害物や耐力壁を利用することで、銃乱射犯の射程内の初動要員は銃弾を防ぎ、あるいは身を隠すことができる。

　防護装備や防爆壁が有効性を発揮するためには、積極的に活用されなければならない。したがって、爆発事件の発生に規則性がなくて予測が不可能で、なんら警戒も防備もしていない人々の集団に爆発が向けられた場合、防護装備や防護壁はほとんど役に立たない。過去の経験からすると、攻撃犯が初動要員または被害者の受け入れ先の病院に二次被害を与える目的で、後続の IED を爆発させようと計画している場合もある。

### 一般的に着用される防護装備

事件に対応する警察官の大多数は、ほとんどの拳銃弾や散弾を防ぐよう設計されたタイプⅡまたはⅢAの防弾ベストを装着しているはずだ。警察官以外の初動要員が防弾装備を身に着けていることは、通常はない。公共の場にいる民間人が防弾装備を着用していることも、まずない。

### 防護装備によるリスク軽減に関する留意事項

対応要員は入手可能な範囲で最もレベルの高い防護装備を着用すべきだ。銃乱射事件に対してはタイプⅣの防弾ベストとヘルメットが望ましい。米司法省国家司法研究所（NIJ）が定めるボディアーマーの規格は、各レベルのボディアーマーがどの拳銃弾を確実に防御すべきかを指定している。[44][45]

一般的な工業用危険物質に対する防護、とりわけ呼吸器系、目、粘膜、皮膚に関しては、初動要員の防護服、SCBA（自給式呼吸装置）、ガスマスク、被害者救出ユニット（訳注・エセックス・インダストリーズ社製のフード式ガスマスク）やタイベックスーツが有効だ（訳注・ポリエチレン不織布のタイベックスーツは、軽くて丈夫で作業性がよく、使い捨てなので放射線管理区域等での作業に適している。手袋や靴との間は粘着テープで目止めをすることができる）。

---

【訳者より】銃乱射事件に対処した警察が、進入・接近を阻止する爆発物に備えて防爆作業車を使用した例を紹介する。

2015年12月2日の米サンバーナーディーノ銃乱射テロの犯人夫婦は、14人が死亡、22人が負傷した現場に、作りの悪いパイプ爆弾を放置したうえ、自動車で逃走中、追跡する警察車両に向けて偽のパイプ爆弾を投げた。犯人夫婦は停車し、警察との5分間の銃撃戦の末に死亡した。

## 第2部　撃たれた人の救命

　警察は犯人の自動車に爆発物が仕掛けられていた場合に備えて、車内の犯人（妻）の生死を確認し、遺体を取り出すため、「ルック」（Rook チェスの駒のルーク）という小型の装軌車両を使用した。ルックは、人が立って入れる大きさの、爆発に耐える箱を搭載して持ち上げることによって、地上3メートルほどの高所を含めて、爆発の危険のある場所で偵察とマニピュレータによる工作を可能にする。

　ルックはこの箱の代わりに破城槌を搭載して突進することによって、ドアや壁を破壊することもできる。

　この事件で使用されたルックを保有する、インランド・バレーSWAT（特殊武装戦術部隊）は、カリフォルニア州サンバーナーディーノ郡フォンタナ市・コルトン市・リアルト市の警察が共同で維持している。

防爆作業車ルック（インランド・バレーSWAT撮影）

### 対応と総合調整に当たっての留意事項

　事前の了解覚書（MOU）・合意覚書（MOA）・標準作業手順書（SOP）ならびに日頃からの演習、計画および訓練を通じて、異なる組織間の連携を最大限確保すること。これらの取り組みは、負傷者が治療を受けるまでの時間を短縮するのに役立つ。

　対応中、そして事件現場にいる間、それぞれの対応要員の役割（救急・消防・警察）を相互に理解して指揮系統を一本化すること。

共通の周波数で通信し、標準化された用語を使うよう努めること。すべての初動要員（救急・消防・警察）が、早期の積極的な止血処置の訓練を確実に受けて、事件の発生に備えるようにすること。事件発生後はすべての初動要員が防護服（防弾ベスト、ヘルメット、眼鏡類を含む）を装着し、より統制された対応と総合調整を行うこと。

### 医療対応システム

危険物質の放出によって複雑化した銃乱射事件では、ごく軽傷から最重度に及ぶさまざまな重傷度の負傷者が大量に発生しうる。大人数の外傷治療だけでなく、汚染を除去する必要性も考慮する必要がある。

この種の事件に対するシステム全体としての医療対応は、米軍（医療システムおよび個々の患者に対するケアの両方）および米国内外の経験から学んだ教訓を取り入れ、組織間の十分な調整を図るべきである。日常的に発生する緊急事態の管理とは異なり、銃乱射事件への対応は全国レベルの外傷・救急医療システムにとっての異常事態となる。

システム全体の取り組みには、被害者自身による応急処置、同僚の手当て、通りすがりの人の手当てに始まり、適当な患者を適切な医療施設へ迅速に秩序正しく届けるための適切で効率的な病院前トリアージと搬送まで、多岐にわたる活動が求められる。病院前救急医療、救急車、ヘリコプターおよび飛行機による患者搬送、外傷センター、病院、リハビリ施設などが、この取り組みの場となる。

### 病院前救急医療に当たっての留意事項

患者のために重要な留意事項は、四肢の傷からの致命的な出血を止められれば、治療可能な出血による死者は減ると実証されていることだ。米軍の病院前治療は2005年以後の戦争中に大きく進歩し、

適切に実施された場合、戦傷の死亡率を大幅に下げることができるようになったからだ。

米国では銃乱射事件が負傷の原因として重要になっている。したがって、在来の病院前治療と大きく異なるとはいえ、米軍で実施されている以下のような医療処置の採用を、非軍事組織も検討すべきだ。

1) 積極的な止血——止血帯、必要に応じて止血剤の使用を含む。
2) 積極的な気道確保——「座って前かがみになる」気道確保の姿勢を含む。
3) すべての初動要員に対する自分自身、同僚および通りすがりの人への手当ての訓練。
4) このシナリオでは有毒化学物質が放出されているので、患者と対応要員の両方について、除染の必要性に留意しなければならない。

### 医療システム全体への病院前治療の影響

諸外国の銃乱射事件・爆弾テロの経験は、同時多発攻撃によっておびただしい死傷者が発生し、救急医療要員のリソースを超えることなど、病院前治療の課題の共通点を示している。被害者自身による手当、同僚や通りすがりの人への手当ておよび初動要員による応急処置として、適切な手法を採用することは、ただちに救命処置を提供できる要員の裾野を広げるため欠かせない。

救急隊は事件現場で迅速かつ正確に負傷者のトリアージを行い、「最優先治療」に分類された人々を素早く適切な医療施設に搬送しなければならない。

負傷した患者に対する病院前トリアージは、できるだけ効率的かつ正確であることが必須である。患者の重傷度を過大評価すると、より重傷の患者の治療を目的として設計された専門センターに過度

の負担をかける。その一方で、患者の重傷度を過小評価すると、必要な救命処置ができない可能性のある施設に重傷者を送ることにつながる。

　受けた傷の種類や程度に応じて必要なレベルの治療が行える、もっとも適切な病院へ負傷者を送るためには、適切なトリアージに加え、負傷者の搬送を注意深く調整しなければならない。救急車、警察車両および民間車が負傷者を搬送し、さらに軽傷者が歩いて来るので、最寄りの病院は、すぐに患者であふれる場合が多い。

　そこへ患者が殺到することは、救急医療システムによる管理が及ばない人間の行動の結果である。救急医療システムはこの可能性を認識し、最寄りの病院が機能を最大限に発揮できる状態にできるだけ早く戻るよう、負傷した患者を再度振り分ける計画を立てておく必要がある。

　また、事態の総合調整者は、負傷者の家族、「心理的ショックを受けた」という人々、そしてメディアの到着に伴い、安全と警備を確保する必要についても予測し、備えておくべきだ。

　**警察は人命救助のため以下の事項に留意すること。**
1）各警察組織は銃乱射事件に備えて、人員・装備などのリソース資源および組織の形に応じて、接敵チームと後続の救出チームの展開などを訓練すること。
2）すべての初動要員（救急・消防・警察）は銃乱射事件のシナリオに基づき、連携するための訓練を受け、演習を行うこと。
3）銃乱射事件への初動対応は、米軍の伝統的な「銃火の下での手当て」（訳注・まず敵を無力化してから大出血を止血）にならって、銃撃現場からの負傷者の速やかな搬出を優先すること。救出チームは、すべての負傷者を「安全地点」（事件現場に近い安全な場所）へ誘導または移送する。負傷者はそこで再びトリアージして、病院への搬送のため処置すること。

4）救急・消防・警察の要員が連携するためには、互いの責任と行動について理解を深めることが欠かせない。これは共同訓練、十分に検討された方針、机上演習を通じて達成される。

5）州・自治体の行政当局は、NGO（非政府組織）と連携して民間人に訓練を提供するため、CERT（コミュニティ緊急事態対応チーム）の設置を推進すること。

　救急隊は、一見すると元気（無傷）な被害者が、見えないところに負傷していたり、危険物質にさらされていたりする可能性を忘れてはならない。こうした留意事項は、演習・計画・手順・訓練を通じて周知徹底しなければならない。

### 病院における外傷治療システムに関する留意事項

米国内外の病院は、銃乱射事件で次のような課題に直面した。

1）事件現場から情報を得るのが難しい。

2）患者の搬送先が偏る。たとえば、大事件1件の現場に近い病院15か所のうち2か所に、負傷者の約60パーセントが搬送されるような事態が起きる。

3）負傷者を適切に治療するため、病院の医療従事者が多数必要になる。

4）すべての治療現場で多数死傷事故・事件対応計画を実施しなければならない。たとえば放射線科の医師や看護師も、銃乱射事件の負傷者の治療を求められるので、事件と無関係な、足首を捻挫した人のレントゲン撮影は後回しにすることになる。

5）病院が銃乱射犯らに狙われるおそれがある。

6）負傷の程度に応じて大量輸血プロトコル（MTP）を実施する（訳注・濃厚赤血球、新鮮凍結血漿、濃厚血小板を全血に近い比率で投与する）。

7）負傷の程度に応じて医療従事者等の補充・再雇用計画を実施する。
8）負傷の程度に応じて患者の搬送・転送計画を実施する。

　銃乱射など大量殺傷事件・テロに対応した医療部門のリーダーたちによると、大事件の死傷者の過半数は現場にもっとも近い病院に集中する。現場を離れることができた軽傷者は、救急隊のトリアージを受けずに、重傷者より先に病院に現れる場合がある。患者が殺到すると、病院の対応能力を超えて、需要の急増に応えられないことによる「機能の崩壊」を招くおそれがある。このような場合には、患者を他の病院へ再配分する必要が生じる。
　どの病院の対応能力も超えないように患者を配分することは、多数の負傷者が発生する爆弾攻撃などに際して、医療能力を臨時に増強する取り組みの大原則である。
　現場付近の病院は、押し寄せる多数の負傷者に対応するために、来援する医療従事者の手をただちに借りて、負傷者の再トリアージを行い、適切な医療を提供しなければならない。来援する医療従事者等には医師、看護師、輸血や呼吸療法の臨床工学技士、精神医療従事者、病院付きの聖職者も含まれる。さらに、秩序維持と警備のために、警察官もおそらく必要となる。
　事件発生から数時間以内に、これらの応援要員は主に周辺地域から到着することになるが、遠くから医療従事者が来る場合もある。近くの病院と医療従事者による応援について、資格や権限を事前に確認して計画を立てておくことに比べて、他州の天災・人災の応援に入った医療従事者の資格を認定して権限を与えることは難しい。

### 患者の搬送・転送に当たっての留意事項
　多数の負傷者の治療を最適化するためには、現場付近の病院に負

第2部　撃たれた人の救命

傷者が集まるにつれて、重傷者の一部を他の医療施設に転送すべきだ。これには入院患者の病室、手術室、集中治療室およびリハビリベッドの利用のバランスをとる目的で、レベル1外傷センター（訳注・外傷患者に高度な手術を24時間行うことができる）や他の病院へ転送することを含む。事件の発生した場所によっては、患者を他の地域または州へ転送する可能性もある。重傷者の長距離移送には、ドクターヘリ等による航空医療搬送能力がおそらく必要となる。

## シナリオ8：商業施設の銃乱射事件

銃を持った男が1人、商業施設に侵入し、目に入る人すべてを銃撃しながら建物内をくまなく動き始める。犯人は拳銃2丁、散弾銃1丁、半自動ライフル1丁で武装している。運よく逃げることができた目撃者によると、60人ほどの人々が施設内にいるという。銃乱射犯は人々が逃げ出せないように、自転車用U字ロックを使って出口の扉を固定した。

**初動要員の視点の例**：あなたの部隊は、恐怖に怯えた人々が通用口から逃げ出し、駐車場や周囲で隠れ場所を探しているスーパーマーケットに、第一陣として到着した。あなたは銃創が露わな人を4人見つけたが、そのうちの1人はすでに死亡していることが明らかだった。商業施設の中で続く銃声が聞こえてくる。

### 予測される負傷のパターン
- さまざまな口径の銃による複数の銃創
- 銃創と手当ての遅れのため、広い範囲で死傷者が増える
- 逃げる最中に負った、銃弾によらない傷（裂傷、骨折）

脅威に基づくシナリオ

**防護装備と防護壁**

このシナリオの初動要員の防護装備には、防弾性ならびに呼吸器官、粘膜および皮膚を毒物や煙から守る性能が求められる。（訳注・原文は防弾性にしか言及していないが、呼吸器官、粘膜および皮膚の防護はシナリオ9でも必要とされているので、シナリオ8にも含める）

繊維系およびセラミックプレート型のボディアーマーは、即製爆発装置（IED）の破片や爆風の圧力を防げない場合がある。防護装備のほとんどは防弾を優先しており、とくに車爆弾のように爆薬の重量の多い爆発装置に対しては、破片効果や爆風の圧力を和らげる能力は、未確認か、かなり限られているおそれがある。

現場の障害物や耐力壁を利用することで、銃乱射犯の射程内の初動要員は銃弾を防ぎ、あるいは身を隠すことができる。

防護装備や防護壁が有効性を発揮するためには、脅威情報に基づいて積極的に活用されなければならない。したがって、爆発事件の発生に規則性がなくて予測が不可能で、なんら警戒も防備もしていない人々の集団が狙われた場合、防護装備や防護壁はほとんど役に立たない。過去の経験からすると、攻撃犯が初動要員または被害者の受け入れ先の病院に二次被害を与える目的で、後続のIEDを爆発させようと計画している場合もある。

**一般的に着用される防護装備**

事件に対応する警察官の大多数は、ほとんどの拳銃弾や散弾を防ぐよう設計されたタイプⅡまたはⅢAの防弾ベストを装着しているはずだ。警察官以外の初動要員が防弾装備を身に着けていることは、通常はない。公共の場にいる民間人が防弾装備を着用していることも、まずない。

## 第2部　撃たれた人の救命

**防護装備によるリスク軽減に関する留意事項**

対応要員は入手可能な範囲で最もレベルの高い防護装備を着用すべきだ。銃乱射事件に対してはタイプⅣの防弾ベストとヘルメットが望ましい。米司法省国家司法研究所（NIJ）が定めるボディアーマーの規格は、各レベルのボディアーマーがどの拳銃弾を確実に防御すべきかを指定している。[44][45]

---

【訳者より】1992年以後の米国の商業施設でもっとも多くの命を奪った銃乱射事件は、2012年7月20日未明、コロラド州オーロラの映画館で発生した。犯人は着席し、上映中に出口を出て、自分の車から武器や防護装備を取って戻った。そして催涙手榴弾を投げて観客の行動を制限してから銃撃し、12人を殺害、70人を負傷させた。

写真の出口のドアに付いている緑色の器具は、犯人がドアを外から開けるために付けたテーブルクロス止めである。戸口には犯人が半自動小銃を投げ捨て、被害者がサンダルを脱ぎ捨てている。

（オーロラ市警察撮影、アラパホ郡地区検事長が公開）

---

**対応と総合調整に当たっての留意事項**

既存の了解覚書（MOU）・合意覚書（MOA）・標準作業手順書（SOP）ならびに日頃からの演習、計画および訓練を通じて、異な

る組織間の連携を最大限確保すること。これらの取り組みは、負傷者が治療を受けるまでの時間を短縮するのに役立つ。

対応中、そして事件現場にいる間、それぞれの対応要員の役割（救急・消防・警察）を相互に理解して指揮系統を一本化すること。共通の周波数で通信し、標準化された用語を使うよう努めること。すべての初動要員（救急・消防・警察）が、早期の積極的な止血処置の訓練を確実に受けて、事件の発生に備えているようにすること。事件発生後はすべての初動要員が防護服（防弾ベスト、ヘルメット、眼鏡類を含む）を装着し、より統制された対応と総合調整を行うこと。

### 医療対応システム

この種の事件に対するシステム全体としての医療対応は、米軍（医療システムおよび個々の患者に対するケアの両方）および米国内外の経験から学んだ教訓を取り入れ、組織間の十分な調整を図るべきである。日常的に発生する緊急事態の管理とは異なり、銃乱射事件への対応は全国レベルの外傷・救急医療システムにとっての異常事態となる。

システム全体の取り組みには、被害者自身による応急処置、同僚の手当て、通りすがりの人の手当てに始まり、適当な患者を適切な医療施設へ迅速に秩序正しく届けるための適切で効率的な病院前トリアージと搬送まで、多岐にわたる活動が求められる。病院前救急医療、救急車、ヘリコプターおよび飛行機による患者搬送、外傷センター、病院、リハビリ施設などが、この取り組みの場となる。

### 病院前救急医療に当たっての留意事項

患者のために重要な留意事項は、四肢の傷からの致命的な出血を止められれば、治療可能な出血による死者は減ると実証されている

ことだ。米軍の病院前治療は2005年以後の戦争中に大きく進歩し、適切に実施された場合、戦傷の死亡率を大幅に下げることができるようになったからだ。

米国では銃乱射事件が負傷の原因として重要になっている。したがって、在来の病院前治療と大きく異なるとはいえ、米軍で実施されている以下のような医療処置の採用を、非軍事組織も検討すべきだ。

1）積極的な止血——止血帯、必要に応じて止血剤の使用を含む。
2）積極的な気道確保——「座って前かがみになる」気道確保の姿勢を含む。
3）すべての初動要員に対する自分自身、同僚および通りすがりの人への手当ての訓練。

### 医療システム全体への病院前治療の影響

諸外国の銃乱射事件・爆弾テロの経験は、同時多発攻撃によっておびただしい死傷者が発生し、救急医療要員のリソースを超えることなど、病院前治療の課題の共通点を示している。被害者自身による手当、同僚や通りすがりの人への手当ておよび初動要員による応急処置として、適切な手法を採用することは、ただちに救命処置を提供できる要員の裾野を広げるため欠かせない。

救急隊は事件現場で迅速かつ正確に負傷者のトリアージを行い、「最優先治療」に分類された人々を素早く適切な医療施設に搬送しなければならない。

負傷した患者に対する病院前トリアージは、できるだけ効率的かつ正確であることが必須である。患者の重傷度を過大評価すると、より重傷の患者の治療を目的として設計された専門センターに過度の負担をかける。その一方で、患者の重傷度を過小評価すると、必要な救命処置ができない可能性のある施設に重傷者を送ることにつ

ながる。

　受けた傷の種類や程度に応じて必要なレベルの治療が行える、もっとも適切な病院へ負傷者を送るためには、適切なトリアージに加え、負傷者の搬送を注意深く調整しなければならない。救急車、警察車両および民間車が負傷者を搬送し、さらに軽傷者が歩いて来るので、最寄りの病院は、すぐに患者であふれる場合が多い。

　そこへ患者が殺到することは、救急医療システムによる管理が及ばない人間の行動の結果である。救急医療システムはこの可能性を認識し、最寄りの病院が機能を最大限に発揮できる状態にできるだけ早く戻るよう、負傷した患者を再度振り分ける計画を立てておく必要がある。

　また、事態の総合調整者は、負傷者の家族、「心理的ショックを受けた」という人々、そしてメディアの到着に伴い、安全と警備を確保する必要についても予測し、備えておくべきだ。

**警察は人命救助のため以下の事項に留意すること**
1）各警察組織は銃乱射事件に備えて、人員・装備などのリソース資源および組織の形に応じて、接敵チームと後続の救出チームの展開などを訓練すること。
2）すべての初動要員（救急・消防・警察）は銃乱射事件のシナリオに基づき、連携するための訓練を受け、演習を行うこと。
3）銃乱射事件への初動対応は、米軍の伝統的な「銃火の下での手当て」（訳注・まず敵を無力化してから大出血を止血）にならって、銃撃現場からの負傷者の速やかな搬出を優先すること。救出チームは、すべての負傷者を「安全地点」（事件現場に近い安全な場所）へ誘導または移送する。負傷者はそこで再びトリアージして、病院への搬送のため処置すること。
4）救急・消防・警察の要員が連携するためには、互いの責任と

行動について理解を深めることが欠かせない。これは共同訓練、十分に検討された方針、机上演習を通じて達成される。
5）州・自治体の行政当局は、NGO（非政府組織）と連携して民間人に訓練を提供するため、CERT（コミュニティ緊急事態対応チーム）の設置を推進すること。

**病院における外傷治療システムに関する留意事項**
米国内外の病院は、銃乱射事件で次のような課題に直面した。
1）事件現場から情報を得るのが難しい。
2）患者の搬送先が偏る。たとえば、大事件1件の現場に近い病院15か所のうち2か所に、負傷者の約60パーセントが搬送されるような事態が起きる。
3）負傷者を適切に治療するため、病院の医療従事者が多数必要になる。
4）すべての治療現場で多数死傷事故・事件対応計画を実施しなければならない。たとえば放射線科の医師や看護師も、銃乱射事件の負傷者の治療を求められるので、事件と無関係な、足首を捻挫した人のレントゲン撮影は後回しにすることになる。
5）病院が銃乱射犯らに狙われるおそれがある。
6）負傷の程度に応じて大量輸血プロトコル（MTP）を実施する（訳注・濃厚赤血球、新鮮凍結血漿、濃厚血小板を全血に近い比率で投与する）。
7）負傷の程度に応じて医療従事者等の補充・再雇用計画を実施する。
8）負傷の程度に応じて患者の搬送・転送計画を実施する。

銃乱射など大量殺傷事件・テロに対応した医療部門のリーダーたちによると、大事件の死傷者の過半数は現場にもっとも近い病院に

集中する。現場を離れることができた軽傷者は、救急隊のトリアージを受けずに、重傷者より先に病院に現れる場合がある。患者が殺到すると、病院の対応能力を超えて、需要の急増に応えられないことによる「機能の崩壊」を招くおそれがある。このような場合には、患者を他の病院へ再配分する必要が生じる。

どの病院の対応能力も超えないように患者を配分することは、多数の負傷者が発生する爆弾攻撃などに際して、医療能力を臨時に増強する取り組みの大原則である。

現場付近の病院は、押し寄せる多数の負傷者に対応するために、来援する医療従事者の手をただちに借りて、負傷者の再トリアージを行い、適切な医療を提供しなければならない。来援する医療従事者等には医師、看護師、輸血や呼吸療法の臨床工学技士、精神医療従事者、病院付きの聖職者も含まれる。さらに、秩序維持と警備のために、警察官もおそらく必要となる。

事件発生から数時間以内に、これらの応援要員は主に周辺地域から到着することになるが、遠くから医療従事者が来る場合もある。近くの病院と医療従事者による応援について、資格や権限を事前に確認して計画を立てておくことに比べて、他州の天災・人災の応援に入った医療従事者の資格を認定して権限を与えることは難しい。

### 患者の搬送・転送に当たっての留意事項

多数の負傷者の治療を最適化するためには、現場付近の病院に負傷者が集まるにつれて、重傷者の一部を他の医療施設に転送すべきだ。これには入院患者の病室、手術室、集中治療室およびリハビリベッドの利用のバランスをとる目的で、レベル１外傷センター（訳注・外傷患者に高度な手術を24時間行うことができる）や他の病院へ転送することを含む。事件の発生した場所によっては、患者を他の地域または州へ転送する可能性もある。重傷者の長距離移送には、

ドクターヘリ等による航空医療搬送能力がおそらく必要となる。

## シナリオ9：見通しのよい開放的な屋外の銃乱射事件

　銃を持った男が1人、建物に侵入し、大勢の人でにぎわう中庭を見渡せる高い位置に陣取る。男は複数の拳銃と照準眼鏡のついた狩猟用ライフルで武装している。男は中庭の約165人に向かって発砲を始めた。

**初動要員の視点の例**：あなたの部隊は、銃乱射事件が教育機関（大学・学校等）の中庭で起きたという通報を受けて、第一陣として現場に到着した。大勢の人が施設から逃げ出している。負傷者が数人、居合わせた人々に手当てを受けており、明らかに死亡している被害者も複数いることに、あなたは気づく。銃声が続いており、逃げ出している群衆はパニック状態で隠れ場所を探している。

### 予測される負傷のパターン
- 主として大口径の銃による複数の銃創
- 銃創および手当ての遅れのため、広い範囲で死傷者が増える
- 逃げる最中に負った、銃弾によらない傷（裂傷、骨折）

### 防護装備と防護壁
　このシナリオの初動要員の防護装備には、防弾性ならびに呼吸器官、粘膜および皮膚を毒物や煙から守る性能が求められる。
　現場の障害物や耐力壁を利用することで、銃乱射犯の射程内の初動要員は銃弾を防ぎ、あるいは身を隠すことができる。
　ボディアーマーには繊維系のものやセラミックプレート型のものがあり、銃乱射事件に即製爆発装置（IED）による二次的な攻撃ま

たは後続の攻撃が加わった場合も、限定的な防御力を期待できる。過去の経験からすると、攻撃犯が初動要員または被害者の受け入れ先の病院に二次被害を与える目的で、後続の IED を爆発させようと計画している場合もある。

初動要員の防弾装備を検討する際は、救急救命士にはどの種類の装備がもっとも適しており、それをいつ装着すべきかについても検討すべきだ。たとえば、常に装着するのか、競技場のようにリスクの高い時と場所では装着するのか、それとも IED 事件に対応するときだけか、といった選択肢がある。

### 一般的に着用される防護装備

事件に対応する警察官の大多数は、ほとんどの拳銃弾や散弾を防ぐよう設計されたタイプⅡまたはⅢ A の防弾ベストを装着しているはずだ。警察官以外の初動要員が防弾装備を身に着けていることは、通常ない。公共の場にいる民間人が防弾装備を着用していることも、まずない。

### 防護装備によるリスク軽減に関する留意事項

対応要員は入手可能な範囲で最もレベルの高い防護装備を着用すべきだ。銃乱射事件に対してはタイプⅣの防弾ベストとヘルメットが望ましい。米司法省国家司法研究所（NIJ）が定めるボディアーマーの規格は、各レベルのボディアーマーがどの拳銃弾を確実に防御すべきかを指定している。[44][45]

【訳者より】米国史上もっとも多くの命を奪ったと広く認識されている、2017 年 10 月 1 日夜のラスベガス・ストリップ銃乱射事件では、音楽祭が行われていた広場ラスベガス・ビレッジ（写真右手）が、カジノホテルの 32 階から銃撃され、58 人が死

亡、851 人が負傷した（被弾した負傷者は 422 人）。犯人はマッカラン国際空港のジェット燃料タンクにも小銃弾を命中させたが、燃料は発火しなかった。犯人は警察官の突入前に自殺した。写真は、犯人に利用されることになるマンダレイ・ベイ・リゾート・アンド・カジノから、大通りラスベガス・ストリップを、2014 年 12 月に別人（Raquel Baranow 氏）が撮影した風景。

### 対応と総合調整に当たっての留意事項

負傷者が治療を受けるまでの時間を短縮するため、事前の了解覚書（MOU）・合意覚書（MOA）・標準作業手順書（SOP）を通じて、異なる組織間の連携を最大限確保すること。

共通の周波数で通信し、標準化された用語を使うよう努めること。すべての初動要員（救急・消防・警察）が、早期の積極的な止血処置の訓練を確実に受けて、事件の発生に備えるようにすること。事件発生後はすべての初動要員が防護服（防弾ベスト、ヘルメット、眼鏡類を含む）を装着し、より統制された対応と総合調整を行うこと。

負傷者を効果的に救護できるかは、対応の柔軟性にかかっている。すべてのシナリオに有効な解決策はない。従来の役割分担と異なり、警察官が負傷者を安全な場所へ連れ出したり、安全が完全に確保さ

脅威に基づくシナリオ

れていない区域へ救急救命士・消防士が警察官とともに入ったり、警察官が応急処置をすることもありうる。

**医療対応システム**

この種の事件に対するシステム全体としての医療対応は、米軍（医療システムおよび個々の患者に対するケアの両方）および米国内外の経験から学んだ教訓を取り入れ、組織間の十分な調整を図るべきである。日常的に発生する緊急事態の管理とは異なり、銃乱射事件への対応は全国レベルの外傷・救急医療システムにとっての異常事態となる。

この種の事件に対するシステム全体の取り組みは、被害者自身による応急処置、同僚の手当て、通りすがりの人の手当てに始まり、複数の自治体・州にまたがる対応を含む。病院前救急医療、救急車、ヘリコプターおよび飛行機による患者搬送、外傷センター、病院、リハビリテーション施設などが、この取り組みの場となる。

**病院前救急医療に当たっての留意事項**

患者のために重要な留意事項は、四肢の傷からの致命的な出血を止められれば、治療可能な出血による死者は減ると実証されていることだ。米軍の病院前治療は2005年以後の戦争中に大きく進歩し、適切に実施された場合、戦傷の死亡率を大幅に下げることができるようになったからだ。在来の病院前治療と大きく異なるとはいえ、米軍で実施されている以下のような医療処置は、非軍事組織が取り入れてよい。

1）積極的な止血――止血帯、必要に応じて止血剤の使用を含む。
2）積極的な気道確保――「座って前かがみになる」気道確保の姿勢を含む。
3）すべての初動要員に対する自分自身、同僚および通りすがり

の人への手当ての訓練。

### 医療システム全体への病院前治療の影響

諸外国の銃乱射事件・爆弾テロの経験は、同時多発攻撃によっておびただしい死傷者が発生し、救急医療要員のリソースを超えることなど、病院前治療の課題の共通点を示している。被害者自身による手当、同僚や通りすがりの人への手当ておよび初動要員による応急処置として、適切な手法を採用することは、ただちに救命処置を提供できる要員の裾野を広げるため欠かせない。

救急隊は事件現場で迅速かつ正確に負傷者のトリアージを行い、「最優先治療」に分類された人々を素早く適切な医療施設に搬送しなければならない。

負傷した患者に対する病院前トリアージは、できるだけ効率的かつ正確であることが必須である。患者の重傷度を過大評価すると、より重傷の患者の治療を目的として設計された専門センターに過度の負担をかける。その一方で、患者の重傷度を過小評価すると、必要な救命処置ができない可能性のある施設に重傷者を送ることにつながる。

受けた傷の種類や程度に応じて必要なレベルの治療が行える、もっとも適切な病院へ負傷者を送るためには、適切なトリアージに加え、負傷者の搬送を注意深く調整しなければならない。救急車、警察車両および民間車が負傷者を搬送し、さらに軽傷者が歩いて来るので、最寄りの病院は、すぐに患者であふれる場合が多い。

そこへ患者が殺到することは、救急医療システムによる管理が及ばない人間の行動の結果である。救急医療システムはこの可能性を認識し、最寄りの病院が機能を最大限に発揮できる状態にできるだけ早く戻るよう、負傷した患者を再度振り分ける計画を立てておく必要がある。

また、事態の総合調整者は、負傷者の家族、「心理的ショックを受けた」という人々、そしてメディアの到着に伴い、安全と警備を確保する必要についても予測し、備えておくべきだ。

**警察は人命救助のため以下の事項に留意すること。**
1）各警察組織は銃乱射事件に備えて、人員・装備などのリソース資源および組織の形に応じて、接敵チームと後続の救出チームの展開などを訓練すること。
2）すべての初動要員（救急・消防・警察）は銃乱射事件のシナリオに基づき、連携するための訓練を受け、演習を行うこと。
3）銃乱射事件への初動対応は、米軍の伝統的な「銃火の下での手当て」（訳注・まず敵を無力化してから大出血を止血）にならって、銃撃現場からの負傷者の速やかな搬出を優先すること。救出チームは、すべての負傷者を「安全地点」（事件現場に近い安全な場所）へ誘導または移送する。負傷者はそこで再びトリアージして、病院への搬送のため処置すること。
4）救急・消防・警察の要員が連携するためには、互いの責任と行動について理解を深めることが欠かせない。これは共同訓練、十分に検討された方針、机上演習を通じて達成される。
5）州・自治体の行政当局は、NGO（非政府組織）と連携して民間人に訓練を提供するため、CERT（コミュニティ緊急事態対応チーム）の設置を推進すること。

### 病院における外傷治療システムに関する留意事項
米国内外の病院は、銃乱射事件で次のような課題に直面した。
1）事件現場から情報を得るのが難しい。
2）患者の搬送先が偏る。たとえば、大事件1件の現場に近い病院15か所のうち2か所に、負傷者の約60パーセントが搬送されるような事態が起きる。

3）負傷者を適切に治療するため、病院の医療従事者が多数必要になる。
4）すべての治療現場で多数死傷事故・事件対応計画を実施しなければならない。たとえば放射線科の医師や看護師も、銃乱射事件の負傷者の治療を求められるので、事件と無関係な、足首を捻挫した人のレントゲン撮影は後回しにすることになる。
5）病院が銃乱射犯らに狙われるおそれがある。
6）負傷の程度に応じて大量輸血プロトコル（MTP）を実施する（訳注・濃厚赤血球、新鮮凍結血漿、濃厚血小板を全血に近い比率で投与する）。
7）負傷の程度に応じて医療従事者等の補充・再雇用計画を実施する。
8）負傷の程度に応じて患者の搬送・転送計画を実施する。

銃乱射など大量殺傷事件・テロに対応した医療部門のリーダーたちによると、大事件の死傷者の過半数は現場にもっとも近い病院に集中する。現場を離れることができた軽傷者は、救急隊のトリアージを受けずに、重傷者より先に病院に現れる場合がある。患者が殺到すると、病院の対応能力を超えて、需要の急増に応えられないことによる「機能の崩壊」を招くおそれがある。このような場合には、患者を他の病院へ再配分する必要が生じる。

どの病院の対応能力も超えないように患者を配分することは、多数の負傷者が発生する爆弾攻撃などに際して、医療能力を臨時に増強する取り組みの大原則である。

現場付近の病院は、押し寄せる多数の負傷者に対応するために、来援する医療従事者の手をただちに借りて、負傷者の再トリアージを行い、適切な医療を提供しなければならない。来援する医療従事者等には医師、看護師、輸血や呼吸療法の臨床工学技士、精神医療

従事者、病院付きの聖職者も含まれる。さらに、秩序維持と警備のために、警察官もおそらく必要となる。

事件発生から数時間以内に、これらの応援要員は主に周辺地域から到着することになるが、遠くから医療従事者が来る場合もある。近くの病院と医療従事者による応援について、資格や権限を事前に確認して計画を立てておくことに比べて、他州の天災・人災の応援に入った医療従事者の資格を認定して権限を与えることは難しい。

### 患者の搬送・転送に当たっての留意事項

多数の負傷者の治療を最適化するためには、現場付近の病院に負傷者が集まるにつれて、重傷者の一部を他の医療施設に転送すべきだ。これには入院患者の病室、手術室、集中治療室およびリハビリベッドの利用のバランスをとる目的で、レベル１外傷センター（訳注・外傷患者に高度な手術を 24 時間行うことができる）や他の病院へ転送することを含む。事件の発生した場所によっては、患者を他の地域または州へ転送する可能性もある。重傷者の長距離移送には、ドクターヘリ等による航空医療搬送能力がおそらく必要となる。

## シナリオ 10：競技場の銃乱射事件

銃を持った男が３人、満席のスタジアムに侵入する。男の１人は出口ゲートにいて、他の２人はスタジアム内で観客に向かって銃を乱射し始める。彼らは拳銃、散弾銃、半自動ライフルで武装している。現在、スタジアムには約２万 4,000 人の観客がいる。

**初動要員の視点の例**：あなたの部隊は、銃乱射事件がスタジアムで起きたという通報を受けて、第一陣として現場に到着した。あなたが現場に向かうと、大勢の人々がスタジアムから逃げ出している。

試合のため配置されていた警備員と警察官が数人、施設の外周にいる。

### 予測される負傷のパターン
・さまざまな口径の銃による複数の銃創
・銃創および手当ての遅れのため、広い範囲で死傷者が増える
・逃げる最中に負った、銃弾によらない傷（裂傷、骨折）

### 防護装備と防護壁
　このシナリオの初動要員の防護装備には、防弾性ならびに呼吸器官、粘膜および皮膚を毒物や煙から守る性能が求められる。

　現場の障害物や耐力壁を利用することで、銃乱射犯の射程内の初動要員は銃弾を防ぎ、あるいは身を隠すことができる。

　ボディアーマーには繊維系のものやセラミックプレート型のものがあり、銃乱射事件に即製爆発装置（IED）による二次的な攻撃または後続の攻撃が加わった場合も、限定的な防御力を期待できる。過去の経験からすると、攻撃犯が初動要員または被害者の受け入れ先の病院を狙って、二次的なIEDまたは後続のIEDを爆発させようと計画している場合もある。

　初動要員の防弾装備を検討する際は、救急救命士にはどの種類の装備がもっとも適しており、それをいつ装着すべきかについても検討すべきだ。たとえば、常に装着するのか、競技場のようにリスクの高い時と場所では装着するのか、それともIED事件に対応するときだけか、といった選択肢がある。

### 一般的に着用される防護装備
　事件に対応する警察官の大多数は、ほとんどの拳銃弾や散弾を防ぐよう設計されたタイプⅡまたはⅢAの防弾ベストを装着してい

るはずだ。警察官以外の初動要員が防弾装備を身に着けていることは、通常はない。公共の場にいる民間人が防弾装備を着用していることも、まずない。

### 防護装備によるリスク軽減に関する留意事項

対応要員は入手可能な範囲で最もレベルの高い防護装備を着用すべきだ。銃乱射事件に対してはタイプⅣの防弾ベストとヘルメットが望ましい。米司法省国家司法研究所（NIJ）が定めるボディアーマーの規格は、各レベルのボディアーマーがどの拳銃弾を確実に防御すべきかを指定している。[44][45]

> 【訳者より】米国最大の恒例スポーツイベントは、ナショナル・フットボール・リーグのスーパーボウルである。第50回スーパーボウルは2016年2月7日、カリフォルニア州サンタクララのリーバイス・スタジアムで開催された。その4日前、ジェイ・ジョンソン米国土安全保障長官は現地の警備を視察した（写真）。
>
>
>
> （米国土安全保障省広報室撮影）

### 対応と総合調整に当たっての留意事項

既存の了解覚書（MOU）・合意覚書（MOA）・標準作業手順書（SOP）ならびに日頃からの演習、計画および訓練を通じて、異なる組織間の連携を最大限確保すること。これらの取り組みは、負傷

者が治療を受けるまでの時間を短縮するのに役立つ。

　対応中、そして事件現場にいる間、それぞれの対応要員の役割（救急・消防・警察）を相互に理解して指揮系統を一本化すること。共通の周波数で通信し、標準化された用語を使うよう努めること。すべての初動要員（救急・消防・警察）が、早期の積極的な止血処置の訓練を確実に受けて、事件の発生に備えているようにすること。事件発生後はすべての初動要員が防護服（防弾ベスト、ヘルメット、眼鏡類を含む）を装着し、より統制された対応と総合調整を行うこと。

### 医療対応システム

　この種の事件に対するシステム全体としての医療対応は、米軍（医療システムおよび個々の患者に対するケアの両方）および米国内外の経験から学んだ教訓を取り入れ、組織間の十分な調整を図るべきである。日常的に発生する緊急事態の管理とは異なり、銃乱射事件への対応は全国レベルの外傷・救急医療システムにとっての異常事態となる。

　システム全体の取り組みには、被害者自身による応急処置、同僚の手当て、通りすがりの人の手当てに始まり、適当な患者を適切な医療施設へ迅速に秩序正しく届けるための適切で効率的な病院前トリアージと搬送まで、多岐にわたる活動が求められる。病院前救急医療、救急車、ヘリコプターおよび飛行機による患者搬送、外傷センター、病院、リハビリ施設などが、この取り組みの場となる。

### 病院前救急医療に当たっての留意事項

　患者のために重要な留意事項は、四肢の傷からの致命的な出血を止められれば、治療可能な出血による死者は減ると実証されていることだ。米軍の病院前治療は2005年以後の戦争中に大きく進歩し、

適切に実施された場合、戦傷の死亡率を大幅に下げることができるようになったからだ。

米国では銃乱射事件が負傷の原因として重要になっている。したがって、在来の病院前治療と大きく異なるとはいえ、米軍で実施されている以下のような医療処置は、非軍事組織が取れ入れてよい。

1）積極的な止血——止血帯、必要に応じて止血剤の使用を含む。
2）積極的な気道確保——「座って前かがみになる」気道確保の姿勢を含む。
3）すべての初動要員に対する自分自身、同僚および通りすがりの人への手当ての訓練。

### 医療システム全体への病院前治療の影響

諸外国の銃乱射事件・爆弾テロの経験は、同時多発攻撃によっておびただしい死傷者が発生し、救急医療要員のリソースを超えることなど、病院前治療の課題の共通点を示している。被害者自身による手当、同僚や通りすがりの人への手当および初動要員による応急処置として、適切な手法を採用することは、ただちに救命処置を提供できる要員の裾野を広げるため欠かせない。

救急隊は事件現場で迅速かつ正確に負傷者のトリアージを行い、「最優先治療」に分類された人々を素早く適切な医療施設に搬送しなければならない。

負傷した患者に対する病院前トリアージは、できるだけ効率的かつ正確であることが必須である。患者の重傷度を過大評価すると、より重傷の患者の治療を目的として設計された専門センターに過度の負担をかける。その一方で、患者の重傷度を過小評価すると、必要な救命処置ができない可能性のある施設に重傷者を送ることにつながる。

受けた傷の種類や程度に応じて必要なレベルの治療が行える、も

っとも適切な病院へ負傷者を送るためには、適切なトリアージに加え、負傷者の搬送を注意深く調整しなければならない。救急車、警察車両および民間車が負傷者を搬送し、さらに軽傷者が歩いて来るので、最寄りの病院は、すぐに患者であふれる場合が多い。

そこへ患者が殺到することは、救急医療システムによる管理が及ばない人間の行動の結果である。救急医療システムはこの可能性を認識し、最寄りの病院が機能を最大限に発揮できる状態にできるだけ早く戻るよう、負傷した患者を再度振り分ける計画を立てておく必要がある。

また、事態の総合調整者は、負傷者の家族、「心理的ショックを受けた」という人々、そしてメディアの到着に伴い、安全と警備を確保する必要についても予測し、備えておくべきだ。

**警察は人命救助のため以下の事項に留意すること。**

1) 各警察組織は銃乱射事件に備えて、人員・装備などのリソース資源および組織の形に応じて、接敵チームと後続の救出チームの展開などを訓練すること。

2) すべての初動要員（救急・消防・警察）は銃乱射事件のシナリオに基づき、連携するための訓練を受け、演習を行うこと。

3) 銃乱射事件への初動対応は、米軍の伝統的な「銃火の下での手当て」（訳注・まず敵を無力化してから大出血を止血）にならって、銃撃現場からの負傷者の速やかな搬出を優先すること。救出チームは、すべての負傷者を「安全地点」（事件現場に近い安全な場所）へ誘導または移送する。負傷者はそこで再びトリアージして、病院への搬送のため処置すること。

4) 救急・消防・警察の要員が連携するためには、互いの責任と行動について理解を深めることが欠かせない。これは共同訓練、十分に検討された方針、机上演習を通じて達成される。

5) 州・自治体の行政当局は、NGO（非政府組織）と連携して民

間人に訓練を提供するため、CERT（コミュニティ緊急事態対応チーム）の設置を推進すること。

### 病院における外傷治療システムに関する留意事項
米国内外の病院は、銃乱射事件で次のような課題に直面した。
1）事件現場から情報を得るのが難しい。
2）患者の搬送先が偏る。たとえば、大事件1件の現場に近い病院15か所のうち2か所に、負傷者の約60パーセントが搬送されるような事態が起きる。
3）負傷者を適切に治療するため、病院の医療従事者が多数必要になる。
4）すべての治療現場で多数死傷事故・事件対応計画を実施しなければならない。たとえば放射線科の医師や看護師も、銃乱射事件の負傷者の治療を求められるので、事件と無関係な、足首を捻挫した人のレントゲン撮影は後回しにすることになる。
5）病院が銃乱射犯らに狙われるおそれがある。
6）負傷の程度に応じて大量輸血プロトコル（MTP）を実施する（訳注・濃厚赤血球、新鮮凍結血漿、濃厚血小板を全血に近い比率で投与する）。
7）負傷の程度に応じて医療従事者等の補充・再雇用計画を実施する。
8）負傷の程度に応じて患者の搬送・転送計画を実施する。

銃乱射など大量殺傷事件・テロに対応した医療部門のリーダーたちによると、大事件の死傷者の過半数は現場にもっとも近い病院に集中する。現場を離れることができた軽傷者は、救急隊のトリアージを受けずに、重傷者より先に病院に現れる場合がある。患者が殺到すると、病院の対応能力を超えて、需要の急増に応えられないこ

とによる「機能の崩壊」を招くおそれがある。このような場合には、患者を他の病院へ再配分する必要が生じる。

どの病院の対応能力も超えないように患者を配分することは、多数の負傷者が発生する爆弾攻撃などに際して、医療能力を臨時に増強する取り組みの大原則である。

現場付近の病院は、押し寄せる多数の負傷者に対応するために、来援する医療従事者の手をただちに借りて、負傷者の再トリアージを行い、適切な医療を提供しなければならない。来援する医療従事者等には医師、看護師、輸血や呼吸療法の臨床工学技士、精神医療従事者、病院付きの聖職者も含まれる。さらに、秩序維持と警備のために、警察官もおそらく必要となる。

事件発生から数時間以内に、これらの応援要員は主に周辺地域から到着することになるが、遠くから医療従事者が来る場合もある。近くの病院と医療従事者による応援について、資格や権限を事前に確認して計画を立てておくことに比べて、他州の天災・人災の応援に入った医療従事者の資格を認定して権限を与えることは難しい。

### 患者の搬送・転送に当たっての留意事項

多数の負傷者の治療を最適化するためには、現場付近の病院に負傷者が集まるにつれて、重傷者の一部を他の医療施設に転送すべきだ。これには入院患者の病室、手術室、集中治療室およびリハビリベッドの利用のバランスをとる目的で、レベル1外傷センター（訳注・外傷患者に高度な手術を24時間行うことができる）や他の病院へ転送することを含む。事件の発生した場所によっては、患者を他の地域または州へ転送する可能性もある。重傷者の長距離移送には、ドクターヘリ等による航空医療搬送能力がおそらく必要となる。

## 脚注

2. START Global Terrorism Database. National Consortium for the Study of Terrorism and Responses to Terrorism. http://www.start.umd.edu/start/
3. Madsen M. Tactical casualty care innovations: News from Iraq.（戦術的負傷者救護の新機軸――イラクからの便り）The Tactical Edge, Winter 2006:60-68.
4. Butler FK Jr, Haymann J, Butler EG. Tactical Combat Casualty Care in Special Operations.（特殊作戦における戦術的戦傷者救護）Milit Med. 1996;161:1-16.
5. Committee for Tactical Emergency Casualty Care.（戦術的負傷者救急救護委員会）http://c-tecc.org/
6. Callaway DW, Smith ER, Cain J et al. The Committee for Tactical Emergency Care (C-TECC): Evolution and Application of TCCC Guidelines to Civilian High Threat Medicine.（戦術的負傷者救急救護委員会――TCCC 指針の発展および脅威度の高い状況における非軍事組織の医療活動への応用）JSOM, Vol 11, Ed 2; Spring/Summer 2011.
7. Jacobs LM, Rotondo M, McSwain N, et al. Joint Committee to Create a National Policy to Enhance Survivability from Mass Casualty Shooting Events.（多数死傷銃撃事件における生存性を高める国家政策を立てるための共同委員会）Improving Survival from Active Shooter Events: The Hartford Consensus.（銃乱射事件における生存性を高める――ハートフォード・コンセンサス）Bull Am Coll Surg. 2013 Jun;98(6):14-6.
i. IAFF Position Statement: Active Shooter Events.（銃乱射事件に関する国際消防士連合の意見書）http://www.iaff.org/Comm/PDFs/IAFF_Active_Shooter_Position_Statement.pdf
ii. IAFC Position Statement: Active Shooter Events.（銃乱射事件に関する国際消防長協会の意見書）http://www.iafc.org/files/1ASSOC/IAFCPosition_ActiveShooterEvents.pdf
iii. TEMS Position Statement.（戦術的救急医療支援に関する意見書）

http://ntoa.org/sections/tems/tems-position-statement/

8. Propper BW, Rasmussen TE, Davidson S, et al. Surgical response to multiple casualty incidents in the modern era.（現代の多数死傷事件への外科的対応）Ann Surg 2009;250(2):311-315.

iv. https://jts.amedd.army.mil/index.cfm/PI_CPGs/cpgs

v. DHS/DOJ. Bomb Threat Stand-Off Card.（国土安全保障省・司法省の爆弾脅威安全距離カード）Washington, D.C., 2014.

9. Ho AM, Karmaker MK, Dion PW. Are we giving enough coagulation factors during major trauma resuscitation?（われわれは重い外傷を負った人を蘇生するとき血液凝固因子製剤を十分投与しているか）Am J Surg 2005;190(3):479-84.

10. Borgman MA, Spinella PC, Perkins J, et al. The ratio of blood products transfused affects mortality in patients receiving massive transfusions at a combat support hospital.（輸血の成分比率は、戦闘支援病院で大量の輸血を受けている患者の死亡率に影響を与える）J Trauma 2007;63(4):805-13.

11. Gonzalez EA, Moore FA, Holcomb JB, et al. Fresh frozen plasma should be given earlier to patients requiring massive transfusion.（大量の輸血が必要な患者には、より早期に新鮮凍結血漿を投与すべきだ）J Trauma 2007;62(1):112-9.

12. Holcomb JB, Wade CE, Michalek JE, et al. Increased plasma and platelet to red blood cell ratios improves outcomes in 466 massively transfused civilian trauma patients.（赤血球に対する血漿と血小板の比率を上げると、大量の輸血を受けた非軍人患者466人の予後が改善した）Ann Surg 2008; 248:447-458.

13. Stein M. Urban bombing: A trauma surgeon's perspective.（都市部の爆破事件——外傷外科医の視点）Scand J Surg 2005;94:286–292.

14. Kashuk JL, Halperin P, Caspi G, Colwell C, Moore EE.（悪の創造性がわれわれの外傷医療システムに挑戦している）Evil creativity challenges our trauma systems. J Am Coll Surg. 2009 Jul;209(1):134-140.

15. Soffer D, Klausner J, Bar-Zohar D, et al. Usage of blood products in

multiple-casualty incidents. The experence of a level I trauma center in Israel.（多数死傷事件における血液製剤の使用）Arch Surg 2008; 143(10):983-89.

16. Einav S, Aharonson-Daniel L, Weissman C, et al. In-hospital resource utilization during multiple casualty incidents.（多数死傷事件における病院内リソースの利用）Ann Surg 2006; 243(4):533-40.

17. Aylwin T, Konig N, Brennan P, et al. Reduction in critical mortality in urban mass casualty incidents: analysis of triage, surge and resource use after the London bombings on July 7, 2005.（都市部の多数死傷事件における重傷者の死亡を減らす——2005年7月7日のロンドン同時爆破事件後のトリアージ、需要の急増、リソースの利用の分析）Lancet 2006; (368)9554:2219-25.

18. Peleg K, Aharonson-Daniel L, Michael M, et al. Patterns of injury in hospitalized terrorist victims.（入院したテロ被害者の負傷のパターン）Am J Emerg Med 2003; 21(4):258-62.

19. Turegano-Fuentes F, Caba-Doussouz P, Jover-Navalon J, et al. Injury patterns from major urban terrorist bombings in trains: the Madrid experience.（都市部の列車に対する大規模爆弾テロにおける負傷のパターン——マドリードの経験）World J Surg 2008;32(6):1168-75.

20. Hunt RC, Kapil V, Basavaraju, SV, et al. National Center for Injury Prevention and Control. Updated In A Moment's Notice: Surge Capacity for Terrorist Bombings.（急な更新——爆弾テロに際して急増する人員や資材の需要を満たす）Atlanta, GA: Centers for Disease Control and Prevention; 2010. http://emergency.cdc.gov/masscasualties/pdf/surgecapacity.pdf.

vi. http://www.amtrauma.org/?page=BlastPrimer

21. Schweit KW. Addressing the problem of the active shooter.（銃乱射犯という問題に取り組む）FBI Law Enforcement Bulletin, May 2013. https://leb.fbi.gov/articles/featured-articles/addressing-the-problem-of-the-active-shooter

22. Ergenbright CE, Hubbard SK. Defeating the Active Shooter: Applying Facility Upgrades in Order to Mitigate the Effects of

Active Shooters in High Occupancy Facilities. (銃乱射犯に打ち勝つ——収容人数の多い施設における銃乱射の影響を軽減するための改築) Naval Postgraduate School, June 2012. http://www.ndpci.us/upload/iblock/696/Defeating%20the%20Active%20Shooter.pdf

23. Morrissey J. EMS Response to Active Shooter Incidents. (銃乱射事件への救急の対応) EMS World, July 2011: 42-48. http://emsworld.epubxp.com/i/35512/66

24. Nordberg M. When kids kill: Columbine High School shooting. (子供が人を殺すとき——コロンバイン高校銃撃事件) Emergency Medical Services. Oct1999; 28(10):39-47, 49-50.

25. Mass Shootings at Virginia Tech April 16, 2007, Report of the Virginia Tech Review Panel. (2007年4月16日のバージニア工科大学における大量銃撃事件——バージニア工科大学調査委員会報告書) August 2007. http://www.governor.virginia.gov/tempcontent/techPanelReport-docs/FullReport.pdf

26. William H. Webster Commission on the Federal Bureau of Investigation, Counterterrorism Intelligence, and the Events at Fort Hood, Texas, on November 5, 2009. (連邦捜査局、対テロ情報活動およびテキサス州フォート・フッドにおける2009年11月5日の出来事に関するウィリアム・H・ウェブスター委員会) July 12, 2012. https://www.hsdl.org/?view&did=717443

27. Report of the High Level Enquiry Committee (HLEC) on 26/11. (11月26日事件に関する高級調査委員会報告書) Maharashtra Government vide GAD GR No: Raasua. 2008/C.R.34/29-A. http://timesofindia.indiatimes.com/photo/5289981.cms

28. Shapira S, Hammond J, Cole L. Essentials of Terror Medicine. (テロ対策医学の要点) New York: Springer Science & Business Media; 2009.

29. Caravalho J. Dismounted complex blast injury task force; final report. (下車歩兵の複雑爆傷に関する任務部隊の最終報告書) Prepared for U.S. Army Surgeon General. 18 June 2011:44-47.

30. Eastridge BJ, Mabry R, Seguin P, et al. Prehospital death on the

battlefield: implications for the future of combat casualty care.（戦場における病院前の死亡——戦傷者救護の将来への含意）J Trauma Acute Care Surg 2012; 73:S431-S437.

31. Anderson R, Shawen S, Kragh J, et al. Special topics. J Am Acad Orthop Surg 2012; 20:S94-S98.

32. Kragh JF Jr, Walters TJ, Baer DG, et al. Practical use of emergency tourniquets to stop bleeding in major limb trauma.（四肢の大きな外傷を止血するための緊急止血帯の実用的用途）J Trauma 2008 Feb; 64(2 Suppl):S38-49; discussion S49-50.

33. Kheirabadi BS, Scherer MR, Estep JS, Dubick MA, Holcomb JB. Determination of efficacy of new hemostatic dressings in a model of extremity arterial hemorrhage in swine.（新型止血ガーゼの有効性をブタの四肢動脈出欠のモデルで判断する）J Trauma 2009 Sep; 67(3):450-9.

34. Kheirabadi B. Evaluation of topical hemostatic agents for combat wound treatment.（戦傷治療用の局所止血剤の評価）US Army Med Dep J. 2011; Apr-Jun:25-37.

vii. http://c-tecc.org/images/content/TECC_Guidelines_DEC_2014_update.pdf

viii. https://www.naemt.org/education/TCCC/guidelines_curriculum

ix. E.M. Bulger, et al. Prehospital Guidelines for External Hemorrhage Control.（外出血の止血に関する病院前指針）Prehospital Emergency Care. 2014. 18:163-173.

44. Department of Justice. Bulletproof Vest Partnership/ Body Armor Safety Initiative. 2010.

45. Salomone JP, Pons PT, McSwain NE. eds. PHTLS Prehospital trauma life support: Military 7th ed. St. Louis, MO: Mosby JEMS Elsevier; 2011. 脚注

# 第3部

# 銃・弾薬の威力と防弾

第 3 部　銃・弾薬の威力と防弾

### 資料 5　銃 16 種類と弾薬 12 種類の威力
### 『21 世紀のテロリズムの軍事面に関するガイド』付録 B　銃器

陸軍訓練教義軍団、2007 年 8 月 15 日

# 概　　論

　テロリストは拳銃、ライフル、自動小銃、短機関銃（サブマシンガン）などさまざまな銃器のほか、迫撃砲やロケットランチャー等を使用している。高度な銃器をたやすく手に入れることができるテロ組織は少なくない。テロ組織の銃器の供給源は、犯罪組織、他のテロ組織、直接・間接にテロを支援している国家を含む。

　この付録は、テロリストが使用している銃器の 5 つの基本的な種類である**拳銃**、**短機関銃**（サブマシンガン）、**突撃銃**（アサルトライフル）、**狙撃銃**、**散弾銃**の代表的なものを紹介する。

　銃器を手に入れようとする者はふつう、入手可能性、簡便性、効率性を優先する。とくに市街地では、隠匿性（隠し持ちやすいこと）も重視されることが多い。テロリストは、補給と整備のロジスティクスの負担を減らすため、銃の口径をできるだけ統一しようとする。

　**拳銃**はテロリストの標準的な武器であり、回転式（リボルバー）と自動式に大別される。実戦の環境における信頼性は、回転式拳銃のほうが高いとされるが、装弾数は、自動式拳銃の弾倉のほうが回転式拳銃のシリンダーより多い。

　**短機関銃**は基本的に、全自動射撃が可能な短いライフルだが、拳銃弾を発射し、装弾数は拳銃より多い。短機関銃は拳銃よりも銃身が長く、照準器が精巧なので、射程が長く、命中精度が高く、貫通力が強い。

資料5　銃16種類と弾薬12種類の威力

　**突撃銃**は、現代の陸軍の基本的な銃器であり、テロ組織も多用している。突撃銃はふつう、単射、2発または3発ずつの射撃（2点・3点バースト）、全自動射撃を切り替える機能がある。有効射程が600メートルを超え、全自動の発射速度が毎分400発に達する突撃銃も少なくない。

　**狙撃銃**にテレスコピックサイト（照準眼鏡、スコープ）を装着し、強力な弾丸を装填すると、特別な能力を発揮する。狙撃銃の口径は5.56ミリや7.62ミリから、ずっと大きな.50口径まである（訳注・.50口径は12.7ミリだが、さらに大きな14.5ミリや20ミリの対物狙撃銃もある）。

　**散弾銃**は近距離でのさまざまな任務にきわめて有効である。散弾銃の各種の実包は、衝撃力と散弾の散布範囲がさまざまであり、特殊効果用のものもある。

# 訳者による用語解説

　**拳銃の撃発方式**：拳銃の弾丸は、後ろのハンマー（撃鉄）が、回転式拳銃では直接、自動式拳銃では撃針を介して、薬莢の底（後ろ）の雷管を叩くことで発射薬に着火し、発射される。**シングルアクション拳銃**は、ハンマーを手で起こしてから引き金を引いて発射する。**ダブルアクション拳銃**は引き金を引くだけで、ハンマーが撃発準備位置につき、撃針を叩いて弾丸を発射する。

　**銃の装填方式**：弾丸を発射した銃は、発射薬が詰まっていた薬莢を排出（排莢）して次弾を装填しなければ、次弾を発射できない。**単発式**は引き金を引くたびに弾丸を1発発射し、他の部品を手で操作して排莢と再装填を行う。ボルト（遊底）を操作する単発銃はボ

ルトアクション式、銃身のハンドグリップを操作するのが**ポンプアクション式**である。単発式以外の銃は、発射の反動を利用して排莢と再装填を行う。**半自動式**は引き金を引くたびに1発ずつ弾丸を発射する。**2点・3点バースト**はそれぞれ、引き金を引くたびに2発または3発ずつ弾丸を発射する。**全自動式**の銃は引き金を引いている間、射撃・排莢・再装填を繰り返す。

　**銃の口径**：銃身の内径であり、**弾丸の直径**にほぼ等しい。米国式のx口径とは、小数点があればxインチ、なければ2桁で100分のxインチ、3桁で1000分のxインチを指す。欧州やアジアでは、口径×弾薬の全長をミリメートル単位で表記している。

　**最大射程**：斜め上を撃ってできるだけ遠くへ弾を飛ばした距離。資料6の原資料の数値を記した。

　なお、以下の写真の多くは原資料よりも鮮明なものに差し替えた。

資料5　銃16種類と弾薬12種類の威力

## 拳銃　CZ 75　原産国：チェコ

重　　量　　0.98kg
全　　長　　203mm
撃発方式　　ダブルアクション
発射方式　　半自動
装 弾 数　　16発

## 弾薬　9×19mm パラベラム弾

銃口初速　　381m/s
有効射程　　50m
最大射程　　1740m

他の9mm弾や.40 S&W弾を使用するCZ 75の派生型もある。

## 拳銃　グロック 17　原産国：オーストリア

重　　量　　0.905kg
全　　長　　186mm
撃発方式　　ダブルアクション
発射方式　　半自動
装 弾 数　　10, 17, 19, 31 発

### 弾薬　9×19mm パラベラム弾

銃口初速　350m/s
有効射程　50m
最大射程　1740m

他の口径の弾薬を使用するグロック 17 の派生型もある。

資料5　銃16種類と弾薬12種類の威力

## 拳銃　マカロフ（PM）　原産国：旧ソ連

重　　量　　0.66kg
全　　長　　160mm
撃発方式　　ダブルアクション
発射方式　　半自動
装 弾 数　　8発

## 弾薬　9×18mm マカロフ弾

銃口初速　315m/s
有効射程　50m
最大射程　1740m

.380 ACP弾を使用するマカロフ拳銃の派生型もある。

第3部　銃・弾薬の威力と防弾

## 拳銃　ルガー GP100　原産国：米国

重　　量　　1.28kg
全　　長　　238mm
撃発方式　　ダブルアクション
発射方式　　単発
装 弾 数　　6発

## 弾薬　.357 マグナム弾

銃口初速　442m/s
有効射程　60m
最大射程　2160m

.38 スペシャル弾を使用する派生型もある。

## 短機関銃　H＆K（ヘッケラー＆コッホ）MP5　原産国：ドイツ

重　　量　　3.07kg（弾倉を含む）
全　　長　　銃床収納時 490mm, 展開時 660mm
発射方式　　半自動、全自動、およびモデルにより 2 点または 3 点バーストを、セレクタースイッチで切り替える。民間用モデルは半自動のみ。
連射速度　　毎分 800 発
装 弾 数　　10, 15, 30 発

### 弾薬　9×19mm パラベラム弾

銃口初速　400m/s
有効射程　200m
最大射程　1740m

## 短機関銃　ＰＭ６３　原産国：ポーランド

　銃床とフォアグリップが収納された状態。弾倉はグリップ（銃把）に装填される。ポーランド国防省撮影。

重　　量　　2.0kg（弾倉を含む）
全　　長　　銃床収納時 333mm, 展開時 583mm
発射方式　　引き金を少し引くと半自動、全部引くと全自動
連射速度　　毎分 650 発
装 弾 数　　15, 25 発

## 弾薬　９×18mm マカロフ弾

銃口初速　　320m/s
有効射程　　75m
最大射程　　1740m

# 資料5　銃 16 種類と弾薬 12 種類の威力

**短機関銃　ＵＺＩ（ウージー）　原産国：イスラエル**

弾倉がグリップ（銃把）に装填され、銃床を展開した状態。

- 重　　量　　4.0kg（弾倉を含む）
- 全　　長　　銃床収納時 470mm, 展開時 650mm
- 発射方式　　半／全自動をセレクタースイッチで切り替える。
- 連射速度　　毎分 600 発
- 装 弾 数　　20, 25, 32 発

**弾薬　9 × 19mm パラベラム弾**

- 銃口初速　　400m/s
- 有効射程　　200m
- 最大射程　　1740m

第 3 部　銃・弾薬の威力と防弾

## 突撃銃　AK-47　原産国：旧ソ連

重　　量　　4.876kg（弾倉を含む）
全　　長　　870mm
発射方式　　半／全自動をセレクタースイッチで切り替える。
連射速度　　毎分 600 発
装 弾 数　　30 発

### 弾薬　7.62 × 39mm 弾

銃口初速　710m/s
有効射程　300m
最大射程　4100m（フルメタルジャケット弾）、4800 m（標的競技弾）

資料 5 銃 16 種類と弾薬 12 種類の威力

## 突撃銃　AK-74　原産国：旧ソ連

AK-74 の初期型（上）と近代化型の AK-74M

重　　量　　AK-74：3.6kg（弾倉を含む）
　　　　　　AK-74M：3.9kg（同）
全　　長　　943mm　AK-74M の銃床を折り畳むと 700mm
発射方式　　半／全自動をセレクタースイッチで切り替える。
連射速度　　毎分 600 発
装 弾 数　　30 発

## 弾薬　5.45 × 39mm 弾

銃口初速　900m/s
有効射程　500m

## 突撃銃　コルト M16A2　原産国：米国

重　　量　　3.99kg（30発弾倉を含む）
全　　長　　1,006mm
発射方式　　M16A2とM16A4は半自動と3点射を、M16A1と少数生産されたM16A3は半自動と全自動を、セレクタースイッチで切り替える。
連射速度　　毎分800発
装 弾 数　　20, 30発

## 弾薬　5.56 × 45mm NATO弾

銃口初速　945m/s
有効射程（対人）　550m
最大射程　3,100m

右は単3型乾電池

## 突撃銃　コルト M4　原産国：米国

M16A2 の銃身を短縮して銃床を伸縮式にした小型のライフル

　重　　量　　3.19kg（30 発弾倉を含む）
　全　　長　　銃床収納時 756mm, 展開時 838mm
　発射方式　　M4 は半自動と 3 点射を、M4A1 は半／全自動を、
　　セレクタースイッチで切り替える。
　連射速度　　毎分 800 発
　装 弾 数　　30 発

## 弾薬　5.56 × 45mm NATO 弾

　銃口初速　　905m/s
　有効射程（対人）　500m
　最大射程　　3100m

　右は単 3 型乾電池

　M4 のデータは、海兵隊東部野戦医療訓練大隊「M16 ／ M4 軍用ライフル初級訓練」（2015 年）から抜粋した。

## 狙撃銃　アーマライト AR-50　原産国：米国

重　　量　　19.24kg（照準器を含む）
全　　長　　1,499mm
発射方式　　単発、ボルトアクション
装 弾 数　　1発

### 弾薬　12.7 × 99mm NATO 弾（.50BMG）

銃口初速　865-890m/s
有効射程　1,200m
最大射程　6,100m（徹甲弾）
　　　　　6,500m（フルメタルジャケット弾）

左から 12.7 × 99mm NATO 弾、.300 ウィンチェスター・マグナム弾（レミントン・モデル 700 等）、.308 ウィンチェスター弾（同）、7.62 × 39mm 弾（AK-47 等）、5.56 × 45mm NATO 弾（M16 等）

資料 5　銃 16 種類と弾薬 12 種類の威力

左が 12.7 × 99mm NATO 弾、右はさらに銃口初速の速い .416 バレット弾（10.6 × 83mm）。アーマライト AR-50-A1B-416 というモデルは .416 バレット弾のために薬室が設計されている。ただし、この 2 種類の弾薬は、もっとも太い部分の直径が同じなので、AR-50 は銃身さえ交換すれば両方とも発射できる。

## 狙撃銃　レミントン・モデル700　原産国：米国

重　　　量　　4.08kg（弾薬・照準器なし）
全　　　長　　1,662mm
発射方式　　単発、ボルトアクション
装 弾 数　　30発
派 生 型　　M24狙撃兵器システム（米陸軍）、
　　　　　　　M40狙撃銃（米海兵隊）

## 弾薬　.223レミントン弾、.308ウィンチェスター弾

有効射程　　800m
銃口初速　　1005m/s（.223レミントン弾）、
　　　　　　865-890 m/s（.308ウィンチェスター弾）

左：7種類の.223レミントン弾と.308ウィンチェスター弾

資料5　銃16種類と弾薬12種類の威力

## 狙撃銃　シュタイヤー SSG 69　原産国：オーストリア

重　　量　　4.6kg（照準器を含む）
全　　長　　1,130mm
発射方式　　単発、ボルトアクション
装 弾 数　　5発

## 弾薬　7.62 × 51mm NATO 弾

銃口初速　799 〜 860m/s
有効射程　800m
最大射程　4,100m（フルメタルジャケット弾）、4,800 m（標的競技弾）

左から 7.62 × 51mm NATO 弾、5.56×45mm NATO 弾、単3型乾電池

## 散弾銃　フランキ・スパス12　原産国：イタリア

折り畳み式銃床モデル（上）と固定式銃床モデル（下）。銃身の下の管は弾倉で、実包が縦一直線に並んでいる。長い弾倉（上）には8発、短い弾倉（下）には6発が入る。

重　　量　　4.0kg
全　　長　　1,070mm
発射方式　　ポンプアクション式と半自動式を、ボタンを押しながらフォアグリップをずらして切り替える
装 弾 数　　薬室内1発、弾倉延長チューブに5〜8発

### 弾薬　12番（12ゲージ、直径18.4mm）の散弾実包と一粒弾

銃口初速　　393m/s
　　　　　（00バックショット＝直径8.38mm, 重量3.5gの散弾）
有効射程　　60m
最大射程　　600m（00バックショット）

左側の実包には8号バードショットという直径2.25mmの散弾が入っている。右側は一粒弾（スラッグショット）。両方とも口径は12番。

## 散弾銃　モスバーグ500　原産国：米国

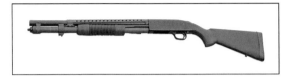

重　　量　　2.6kg
全　　長　　711mm
発射方式　　ポンプアクション
装 弾 数　　薬室内1発、弾倉チューブに5〜8発

## 弾薬　12番の散弾実包と一粒弾

銃口初速　393m/s（00バックショット）
有効射程　60m
最大射程　600m（00バックショット）

第3部 銃・弾薬の威力と防弾

### 資料6 防弾装備の等級

司法省国家司法研究所（NIJ）『防弾ボディアーマーの選定と着用のガイド 0101.06』2014年12月

| 等級 | テスト弾丸 | 弾丸重量(g) | 新品が防ぐ弾丸の初速(m/s) | 中古品が防ぐ弾丸の初速(m/s) | 銃の種類 |
|---|---|---|---|---|---|
| ⅡA | 9mm FMJ RN | 8.0 | 373 | 355 | 拳銃 |
| | .40 S&W FMJ | 11.7 | 352 | 325 | |
| Ⅱ | 9mm FMJ RN | 8.0 | 398 | 379 | 拳銃 |
| | .357マグナム JSP | 10.2 | 408 | 408 | |
| ⅢA | .357シグ FMJ FN | 8.1 | 448 | 430 | 拳銃 |
| | .44マグナム SJHP | 15.6 | 436 | 408 | |
| Ⅲ | 7.62 × 51mm NATO FMJ (M80) | 9.5 | 847 | 847 | ライフル |
| Ⅳ | .30-06スプリングフィールド M2徹甲弾 | 10.8 | 878 | 878 | ライフル |

原資料の重量の単位はグレーン、速度の単位は毎秒フィート。
テスト弾丸の初速には±9.1 m/sの誤差がある。
FMJ：フルメタルジャケット。完全被甲弾
FN：フラットノーズ。平らな弾頭
JSP：ジャケテッド・ソフトポイント。銅で覆われているが先端だけ鉛が露出している
RN：ラウンドノーズ。丸い弾
S&W：スミス&ウェッソン。米国の大手銃器メーカー
SJHP：セミジャケテッド・ホローポイント。後半が銅で覆われ、弾頭は露出してくぼんでいる

資料6　防弾装備の等級

## 海兵隊のモジュラー・タクティカル・ベスト（MTV）

MTV を着用する海兵隊員。海兵隊は MTV を 2006 年に採用した。
（2007 年、沖縄県キャンプ・フォスター）

MTV の部品。総重量 13.6 キロ。左上はセラミックプレート（同）

第3部　銃・弾薬の威力と防弾

### 認証企業 UL『UL752　防弾装備の基準』

2005 年に UL が制定し、米国家規格協会（ANSI）が承認した。

### アーマーコア（ArmorCore）社の建築・家具用防弾版

表の5列目までは UL752 の基準を記し、6〜7列目には、アーマーコア社のガラス繊維防弾板で各等級を満たすために必要な厚さと重量（公称）を記した。

| 等級 | テスト弾丸 | 弾丸重量 (g) | 最低速度 (m/s) | 命中弾数 | 厚さ (mm) | 重量 (kg/m$^2$) |
|---|---|---|---|---|---|---|
| 1 | 9mm FMJ | 8.0 | 358 | 3 | 6.35 | 12.7 |
| 2 | .357 マグナム JSP | 10.2 | 381 | 3 | 7.94 | 17.6 |
| 3 | .44 マグナム SWC GC | 15.6 | 411 | 3 | 11.11 | 23.4 |
| 4 | .30 ライフル | 11.7 | 774 | 1 | 34.93 | 67.9 |
| 5 | 7.62mm FMJ | 9.7 | 838 | 1 | 36.51 | 72.3 |
| 6 | 9mm FMJ | 8.0 | 427 | 5 | 9.53 | 19.0 |
| 7 | 5.56mm FMJ | 3.6 | 939 | 5 | 28.58 | 57.1 |
| 8 | 7.62mm FMJ | 9.7 | 838 | 5 | 36.51 | 74.2 |
| 散弾銃 | 12番ライフルドスラッグ（一粒弾） | 28.3 | 483 | 3 | | |
| 散弾銃 | 12番00バックショット（散弾12粒） | 42.1 | 366 | | | |

原資料の重量の単位はグレーン、速度の単位は毎秒フィート。
テスト弾丸の最高速度は最低速度の 1.1 倍。
SWC: セミワッドカッター。先端が円錐台形で重く、殺傷力の高い拳銃弾
GC: ガスチェックド。鋳造された鉛の弾丸を発射するとき、燃焼ガスが銃身内の前方に漏れて弾丸を削らないように、弾尾に合金製のカバー（ガスチェック）を付けた弾丸

資料6　防弾装備の等級

　UL752は散弾銃に対する防護を、レベル1-8の防弾装備に追加する能力として扱っている。

　ULは2012年1月1日に営利企業になるまで、アンダーライターズ・ラボラトリーズという非営利機関だった。

　アーマーコア社は、幅3/4/5フィート（0.91/1.22/1.52メートル）、高さ8/9/10フィート（2.43/2.74/3.05メートル）の9種類のガラス繊維防弾板を製造し、注文に応じてウォータージェットで裁断している。粉塵対策をすれば、ダイヤモンドソー（鋸）を用いて現場でも裁断できる。

　この防弾板は、防弾性のあるガラス繊維布に、熱硬化性ポリエステル樹脂を浸透させ、何枚も重ねて平らな固い板になるまで圧縮したもので、被弾しても破片が飛び散らず、跳弾もしない特長がある。

　アーマーコア社は、防弾板の製造・試験・設置の映像をYouTubeに公開している。次の画像は、住宅に建築中のパニックルームの外側に、UL752レベル2の防弾版を設置する作業のものだ。

"Bullet Resistant Wall Test – ArmorCore Installation Instructions"
https://www.youtube.com/watch?v=cN9pQu6ou8o
https://www.armorcore.com

屋内に簡単に取り付けられる防弾ロールカーテンも、米国で発売されている。ヘラクレス・リサーチ社の Bullet Barrier Blinds（弾丸バリア・ブラインド）はケブラー製で、拳銃に対して NIJ レベルⅢ A の防弾性能がある。リモコンまたは警報との連動によって展開する。この映像では、防弾性のないガラス戸を貫通した .45ACP 拳銃弾を、ロールカーテンが止めている。

"Bullet Proof Blinds"
https://www.youtube.com/watch?v=1KghLtV81jk
https://www.safetysecurity.co/bulletproof-blinds/

### 資料7　防弾壁に必要な厚さ

エネルギー省衛生・安全・保安室『射撃場設計基準』
2012年

| 防壁の材質 | 銃弾の口径及び貫通を防ぐのに必要な壁の厚さ（mm） | | |
|---|---|---|---|
| | 5.56mm | 7.62mm, .30口径 | 12.7mm, .50口径 |
| コンクリート（34.5 N/mm$^2$） | 127 | 178 | 305 |
| コンクリートブロック（粗骨材） | 203 | 305 | 610 |
| 砕石 | 356 | 508 | 762 |
| 乾いた砂 | 406 | 610 | 813 |
| 湿った砂 | 635 | 914 | 1219 |
| 丸太（ワイヤーで束ねたナラまたはカシ） | 711 | 1016 | 1422 |
| 土 | | | |
| 　押し固めた土 | 813 | 1219 | 1524 |
| 　手を加えていない固い土 | 889 | 1321 | 1676 |
| 　耕したばかりの土 | 965 | 1422 | 1829 |
| 塑造用粘土 | 1118 | 1651 | 2540 |

◎頭字語のリスト

ABC：Airway, Breathing, Circulation
気道、呼吸、循環
ALS：Advanced Life Support
二次救命処置
ANSI：American National Standards Institute
米国家規格協会
BAU：Behavioral Analysis Unit
FBI行動分析班
CCP：Casualty Collection Point
負傷者収容地点
CERT：Community Emergency Response Team
地域危機緊急対応チーム
C-TECC：Committee for Tactical Emergency Casualty Care
戦術的負傷者救急救護委員会
DCR：Damage Control Resuscitation
ダメージコントロール蘇生
DHS：Department of Homeland Security
国土安全保障省
EAP：Employee Assistance Program
職員支援プログラム
EMS：Emergency Medical Services
救急隊
EOC：Emergency Operations Center
危機管理センター
FAC：Family Assistance Center
家族支援センター

FBI：Federal Bureau of Investigation
連邦捜査局
FEMA：Federal Emergency Management Agency
連邦緊急事態管理庁
FLETC：Federal Law Enforcement Training Center
連邦法執行訓練センター
FOUO：For Official Use Only
私用禁止
FPS：Federal Protective Service
連邦防護局
GSA：General Services Administration
一般調達局
IACP：International Association of Chiefs of Police
国際警察署長協会
IAFC：International Association of Fire Chiefs
国際消防長協会
IAFF：International Association of Fire Fighters
国際消防士連合
ICS：Incident Command System
緊急時総合調整システム
IED：Improvised Explosive Device
即製爆発装置
IS：Independent Study
FEMAの独習科目
ISC：Interagency Security Committee
米国政府施設の保安に関する省庁間委員会
JIC：Joint Information Center
統合情報センター

MARCH：Massive hemorrhage control, Airway support, Respiratory threats, Circulation [prevent shock], Hypothermia
大出血の止血、気道確保、呼吸困難対策、ショックを防ぐための血液循環、低体温対策

MOA：Memorandum of Agreement
合意覚書

MOU：MOU Memorandum of Understanding
了解覚書

MRC：Medical Reserve Corps
医療予備隊

MRI：Magnetic Resonance Imaging
核磁気共鳴画像装置

MTP：Mass Transfusion Protocol
大量輸血プロトコル（手順）

MTV：Modular Tactical Vest
モジュラー・タクティカル・ベスト

NAEMT：National Association of Emergency Medical Technicians
全米救命士協会

NCAVC：National Center for the Analysis of Violent Crime
米国暴力犯罪分析センター

NGO：Non-Governmental Organizations
非政府組織

NHTSA：National Highway Traffic Safety Administration
米国家道路交通安全局

NIJ：National Institute of Justice
米司法省国家司法研究所

NIST：National Institute of Standards and Technology
米国立標準技術研究所

NTOA：National Tactical Officers Associations
全米戦術警察官協会

NTSB：National Transportation Safety Board
国家運輸安全委員会

OEP：Occupant Emergency Program
入居機関緊急事態プログラム。資料2の原書では、その一部をなす Occupant Emergency Plan 入居機関緊急事態計画も OEP と略記した箇所があるが、本訳書では入居機関緊急事態プログラムのみ OEP と表記した。

PAO：Public Affairs Officer
広報官

PFA：Psychological First Aid
心理的応急処置

SCBA：Self-Contained Breathing Apparatus
自給式呼吸装置

SOP：Standard Operating Procedure
標準作業手順書

TAT：Threat Assessment Team
脅威評価チーム

TCCC：Tactical Combat Casualty Care
戦術的戦傷救護

TECC：Tactical Emergency Casualty Care
戦術的負傷者救急救護

TEMS：Tactical Emergency Medical Support
戦術的救急医療支援

THREAT：Threat suppression, Hemorrhage control, Rapid

Extrication to safety, Assessment by medical providers, Transport to definitive care
失血死を防ぐための手順としての、脅威の制圧（銃乱射犯の無力化）、止血、安全な場所への迅速な脱出、医療従事者による診断、最終的な医療を行う医療機関への輸送

TTPs：Tactics, Techniques, and Procedures
戦術・技法・手順

USMS：United States Marshals Service
米連邦保安官局

USSS：United States Secret Service
米シークレットサービス

◎各資料の原題と URL

### 資料1　銃乱射対策携帯用カード
Active Shooter Pocket Card
http://www.dhs.gov/sites/default/files/publications/active_shooter_pocket_card_508.pdf

### 資料2　『銃乱射犯対策の計画と対応——米国政府施設の保安に関する省庁間委員会の方針と最適慣行の手引（公開版）』
Planning and Response to an Active Shooter: An Interagency Security Committee Policy and Best Practices Guide (November 2015/2nd Edition)
https://www.dhs.gov/sites/default/files/publications/isc-planning-response-active-shooter-guide-non-fouo-nov-2015-508.pdf

**資料3　図解「出血を止めよ」**
Stop the Bleed
https://www.dhs.gov/sites/default/files/images/oha/infographic_stopthebleed_02.jpg

**資料4　『即製爆発装置事件および銃乱射事件において生存性を高めるための初動要員用ガイド』**
First Responder Guidance for Improving Survivability in Improvised Explosive Device and/or Active Shooter Incidents
https://www.dhs.gov/sites/default/files/publications/First%20Responder%20Guidance%20June%202015%20FINAL%202_0.pdf

**資料5　銃16種類と弾薬12種類の威力**
『21世紀のテロリズムの軍事面に関するガイド』付録B　銃器
A Military Guide to Terrorism in the Twenty-First Century Appendix B, Firearms
https://fas.org/irp/threat/terrorism/guide.pdf
「M16/M4 軍用ライフル初級訓練」
M16/M4 Service Rifle Familiarization
http://www.trngcmd.marines.mil/Portals/207/Docs/FMTBE/Student%20Materials/FMST/108.pdf

**資料6　防護装備の等級**
『防弾ボディアーマーの選定と着用のガイド 0101.06』
NIJ Guide-0101.06, Selection and Application Guide to Ballistic-Resistant Body Armor for Law. Enforcement, Corrections

and Public Safety
https://www.ncjrs.gov/pdffiles1/nij/247281.pdf
「UL752 による防護のレベル」
UL752 Protection Levels
https://armorcore.com/site/media/Armorcore_UL752_Specs_Para.pdf

### 資料 7　防弾壁に必要な厚さ
『射撃場設計基準』
Range Design Criteria
https://www.energy.gov/sites/prod/files/2013/05/f1/Range_Design_Criteria.pdf

### イラストの参考にした映像・画像

p. 15 "Options for Consideration Active Shooter Training Video"（国土安全保障省）
https://www.youtube.com/watch?v=oI5EoWBRYmo
p. 17, 19 "RUN HIDE FIGHT"（ヒューストン市）日本語字幕版（字幕作成：(財) 自治体国際化協会ニューヨーク事務所）
https://www.youtube.com/watch?v=tCEuKEIbB_M

### クリエイティブ・コモンズ画像のライセンスと出典の URL

### 表示 - 継承 3.0 フランス
https://creativecommons.org/licenses/by-sa/3.0/fr/deed.ja
https://creativecommons.org/licenses/by-sa/3.0/fr/legalcode
p. 96　回復体位（イラストの参考にした）

https://commons.wikimedia.org/wiki/File:Recovery_position.jpg

### 表示 - 継承 4.0 国際
https://creativecommons.org/licenses/by-sa/4.0/legalcode.ja
p. 170　マンダレイ・ベイ・リゾート・アンド・カジノからの風景
https://commons.wikimedia.org/wiki/File:View_from_Mandalay_Bay_Hotel.jpg

### 表示 - 継承 3.0 非移植
https://creativecommons.org/licenses/by-sa/3.0/deed.ja
https://creativecommons.org/licenses/by-sa/3.0/legalcode
p. 195　マカロフ（ＰＭ）
https://commons.wikimedia.org/wiki/File:9-мм_пистолет_Макарова_с_патронами.jpg
p. 196　弾薬　.357マグナム弾
https://commons.wikimedia.org/wiki/File:357_Magnum.jpg
p. 201 弾薬　5.45 × 39mm 弾
https://commons.wikimedia.org/wiki/File:545x39.jpg
p. 206 弾薬　.223レミントン弾、.308ウィンチェスター弾
https://commons.wikimedia.org/wiki/File:223_Remington.jpg

### 表示 2.0 一般
https://creativecommons.org/licenses/by/2.0/deed.ja
https://creativecommons.org/licenses/by/2.0/legalcode
p. 207 狙撃銃　シュタイヤーＳＳＧ６９
https://commons.wikimedia.org/wiki/File:Steyr_SSG_69.jpg

上記以外の画像はパブリックドメインにある。

# あとがき

　米国における銃撃テロ事件は、日本人の想像を超えて深刻さを増している。2018年に限っても、同じ場所でほぼ同時に4人以上が銃撃される事件は340件発生し、うち4件では被害者10人以上が死亡している（データベース「ガン・バイオレンス・アーカイブ」）。そして同様の銃撃テロが、近い将来の日本で起きない保証はどこにもないのだ。

　これらの事件のなかで社会的影響がもっとも大きいのは、2月14日にフロリダ州パークランドで被害者17人が死亡、17人が負傷したマージョリー・ストーンマン・ダグラス高校銃乱射事件だろう。死傷者が増えた原因として、事件発生時に同校にいた警察官が現場の12号棟に入らなかったこと、教室の中からドアを施錠できなかったこと、緊急通信指令室が現場の携帯電話からの通報を消防だけに送ったこと、警察の戦術の誤り、警察無線の輻輳などが指摘されている。ここでは、資料2のような体系的な備えの必要性を示す教訓を一つ記しておきたい。

　12号棟で射殺された17人のうち、11人は身を隠す間もなく1階で銃撃され、硝煙が火災警報器を作動させた（犯人が手動で作動させたという当初の報道は誤り）。2階にいた生徒は1階の銃声が聞こえたので、火災警報を無視して教室にとどまった。2階の教室2部屋も廊下から銃撃されたが、2階では死者は出なかった。3階では銃声が聞こえなかったようで、生徒・教員には、避難訓練なのか、室内で隠れなければならないのか、判断材料がなかった。3階で射殺された6人は、避難訓練があると思って教室を出たところだ

った。

　この経緯は、銃乱射事件の際に、火災など他の事態に備えるシステムがどのように反応し、それが銃乱射事件にどのように影響するのかを、事前に分析し、被害を拡大しないように銃撃と他の事態への備えを調整しておくことの必要性を示している。

　こうした体系的な事前の備えの目的は、「逃げる・隠れる・戦う」事件対応を成功させることだが、この備えは銃撃よりも刃物による襲撃に対して、さらに有効なはずだ。読者の地域や施設に対する脅威の評価に基づく対策に、本書がいささかでも役立てば、これに過ぎる喜びはない。

　2019年3月
　　　西恭之（静岡県立大学グローバル地域センター特任助教）

# 索　　引

## 英数字

110番　15, 18, 22, 23, 31, 100
2001年9月11日　29, 41
ABC［救命法］　103, 216
FBI（連邦捜査局）　26, 37, 47, 48, 49, 52, 53, 64, 75, 80, 81, 82, 151, 185, 186, 216, 217
MARCH［救命法］　103, 218
PFAモバイル　70
SCBA（自給式呼吸装置）　153, 219
THREAT　82, 94, 103, 183, 184, 218, 219
UL　212, 213, 222

## あ行

アジ化鉛　148
圧力波　108, 114, 122, 130, 138, 146
安全距離　98, 99, 184
いじめ　42, 50
一次救命処置　97
一般調達局　22, 217

遺品　73, 75
医療従事者緊急時ボランティア事前登録システム　91
医療予備隊（MRC）　68, 91, 218
隠蔽と掩蔽　89
ウィスコンシン州シク教寺院　81
ウェブサイト　26, 40, 57, 75, 79, 80, 83, 84, 98, 101, 105
ウォーム・ゾーン　24
エアウェイ　96
オクラホマシティ連邦政府ビル爆破事件　111, 119, 127, 143
オバマ大統領　38

## か行

外傷センター　112, 115, 120, 123, 128, 131, 136, 139, 144, 145, 155, 160, 163, 167, 171, 175, 178, 182
回復体位　96, 222
カウンセラー　53, 54, 66, 70
化学兵器　100
隠れ場所　18, 43, 160, 168
ガスマスク　153
家族支援センター（FAC）　64, 65,

索 引

75, 77, 216
合衆国ホロコースト記念博物館 81
監察医 74
監察官 51
危機管理センター（EOC） 69, 76, 216
気道確保 96, 97, 103, 112, 120, 128, 136, 144, 150, 156, 164, 171, 179, 218
虐待 50
救急救命士 22, 54, 59, 91, 103, 109, 117, 125, 133, 141, 169, 171, 176
救護所 21, 69
教育省 47, 82
脅威評価チーム（TAT） 49, 51, 52, 53, 83, 219
脅迫状態警報装置 44
業務継続計画 42, 63
緊急時総合調整システム（ICS） 23, 38, 62, 67, 80, 217
緊急電話 100, 108, 116
クライシス・コミュニケーション 25
車爆弾 92, 99, 108, 109, 110, 116, 117, 118, 125, 126, 142, 152, 161
訓練ビデオ『逃げる、隠れる、戦う』 58

検視 66, 76
拳銃の撃発方式 191
現地保安責任者（SSM） 32
行動分析班（BAU） 48, 53, 216
広報官（PAO） 25, 26, 219
コールセンター 69, 76
国際警察署長協会（IACP） 95, 217
国際消防士連合（IAFF） 95, 183, 217
国際消防長協会（IAFC） 95, 183, 217
国土安全保障省（DHS） 12, 13, 22, 32
国家運輸安全委員会（NTSB） 74, 219
国家緊急時総合調整システム（NIMS） 38, 80, 89, 54, 58, 68, 86, 88, 127, 184, 177, 216, 222
国家道路交通安全局（NHTSA） 91, 218
骨髄路確保 97
小包／郵便爆弾 92, 132, 135
言葉の壁 21, 65, 71, 76
子供／児童／小児 65, 66, 67, 68, 70, 76, 83, 186
コミュニケーション 54, 77
コロラド州オーロラ 100, 162
コロンバイン高校 100, 102, 186

## さ行

サイバー暴力　50
サンディフック小学校　81
サンバーナーディーノ銃乱射テロ　153
シークレットサービス（USSS）　47, 82, 220
ジェイ・ジョンソン米国土安全保障長官　177
シェルター　69
止血　44, 87, 88, 90, 93, 94, 103, 104, 105, 111, 112, 119, 120, 127, 136, 143, 144, 150, 155, 156, 157, 163, 164, 165, 170, 171, 173, 178, 179, 180
止血帯　59, 86, 87, 96, 104, 105, 112, 120, 136, 144, 150, 156, 164, 171, 179
止血ガーゼ　96, 105
止血法　58, 59, 95
シチズン・コー　68
自爆ベスト　92, 124, 140, 143
自爆ベルト　92
司法省　64, 76, 80, 82, 110, 118, 126, 134, 142, 149, 153, 162, 169, 177, 184, 210, 218
死亡通知　73, 74
従業員支援　52

銃の口径　190, 191, 192
銃の装填方式　191
銃乱射犯対策準備計画　34, 35, 43, 57, 59, 60, 61
障害　15, 20, 21, 27, 58, 60, 69, 79, 100, 103, 152, 161, 168, 176
障害者　20, 21, 27, 44, 58, 76
衝撃波　89, 109, 117, 125, 133, 141
静脈路確保　97
職員支援プログラム（EAP）　53, 54　216
職場暴力　42, 46, 47, 49, 53, 54, 82
人事部門　51, 63
心的外傷　68, 69, 70, 77
心理的応急処置　65, 67, 68, 69, 70, 83, 84, 219
『心理的応急処置の現地活動の手引』　70, 83
スーパーボウル　177
スマートフォン　23
精神医療　50, 67, 69, 115, 123, 131, 139, 147, 159, 167, 174, 182
精神衛生　67, 68
精神保健　50, 52, 64, 68, 77, 98, 101
接合部緊急治療用具　105
接敵チーム　22, 157, 165, 173, 180
戦術・技法・手順（TTPs）　89, 90, 102, 220

索　引

戦術的戦傷救護（TCCC）　87, 88, 93, 94, 96, 105, 183, 219
戦術的負傷者救急救護（TECC）　93, 94, 96, 105, 183, 219
戦術的負傷者救急救護委員会（C-TECC）　94, 96, 97, 103, 105, 183, 216
前兆　42, 46, 47, 48, 49
戦闘即応クランプ　105
全米救命士協会（NAEMT）　95, 105, 218
全米戦術警察官協会（NTOA）　95, 96, 219
ソーシャルメディア　26

## た行

大統領政策指令8号（PPD-8）　38
タイベックスーツ　153
大量殺傷／多数死傷
　大量殺傷　46, 48, 159, 166, 174, 181
　多数死傷　64, 81, 94, 101, 122, 130, 138, 146, 158, 166, 174, 181, 183, 184, 185
大量輸血プロトコル（MTP）　114, 122, 130, 138, 146, 158, 166, 174, 181, 218
ダメージコントロール蘇生（DCR）　98, 216
地域危機緊急対応チーム（CERT）　68, 91, 158, 166, 173, 181, 216
直接圧迫　59, 105, 106
鎮痛　97
通信　18, 26, 27, 28, 31, 34, 54, 44, 61, 71, 95, 111, 119, 127, 135, 143, 150, 155, 163, 170, 178
通信指令室　89, 100
テロ負傷に関する情報・発信・交換（TIIDE）プロジェクト　101
電話　15, 17, 18, 31, 48, 64, 69, 70, 75, 76, 86, 89, 100, 108, 116
統合情報センター（JIC）　25, 217
同時多発テロ　41, 92, 102
ドメスティックバイオレンス　50, 53
トリアージ　69, 89, 100, 112, 113, 115, 120, 121, 123, 128, 129, 131, 136, 137, 139, 144, 145, 147, 155, 156, 157, 159, 163, 164, 165, 167, 172, 173, 174, 178, 179, 180, 181, 182
トリアセトントリペルオキシド（TATP）　148
鈍的外傷　92, 97

## な行

難聴　21, 65
二次救命処置（ALS）　97, 216
二次被害　89, 92, 100, 109, 117, 125, 133, 141, 152, 161, 169
入居機関緊急事態計画　20, 38, 41, 79, 81, 219
入居機関緊急事態プログラム（OEP）　28, 41, 42, 43, 44, 62, 64, 65, 66, 67, 81, 219
ニュースメディア／メディア　25, 26, 65, 67, 76, 77, 114, 122, 130, 137, 146, 157, 165, 173, 180

## は行

バージニア工科大学　29, 51, 81, 100, 102, 186
ハートフォード・コンセンサス　94, 95, 183
パイプ爆弾　132, 153
爆発波　109, 116, 117, 125, 133, 141
爆風の圧力　92, 109, 117, 125, 133, 141, 152, 161
パニックルーム　44, 213
被害者救出ユニット　153
避難経路　16, 20, 24, 31, 43, 44, 60
秘密取扱資格　49
病院前外傷救護　93
病院前救護　94, 97
病院前治療　112, 113, 120, 121, 128, 129, 136, 137, 144, 145, 150, 155, 156, 164, 171, 172, 178, 179
標準作業手順書（SOP）　21, 22, 23, 24, 110, 118, 127, 134, 143, 149, 154, 162, 170, 177, 219
標的型暴力事件　47
フォート・フッド陸軍駐屯地　81, 102
腹部大動脈止血帯　105
負傷者収容地点（CCP）　22, 24, 216
プライバシー　51, 77, 83
紛争解決　54
米国疾病予防管理センター（CDC）　101
米国暴力犯罪分析センター（NCAVC）　52, 53, 218
米国家規格協会（ANSI）　212, 216
米司法省国家司法研究所（NIJ）　110, 118, 126, 134, 142, 149, 153, 162, 169, 177, 210, 214, 218, 221
ヘキサメチレントリペルオキシドジアミン（HMTD）　148
ヘルメット　88, 99, 111, 119, 127,

231

135, 143, 149, 150, 153, 155, 162, 163, 169, 170, 177, 178
防弾板　212, 213
防弾チョッキ／ボディアーマー
　88, 89, 99, 101, 109, 110, 117, 118, 125, 126, 133, 134, 141, 142, 149, 152, 153, 161, 162, 168, 169, 176, 177, 210, 221
防弾ロールカーテン　214
法務顧問　51, 52
ボストン・マラソン爆弾テロ　112, 119, 120, 128, 136, 144, 150
ホットライン　76

## ま行

身元確認　66, 71, 73, 74, 76
ムンバイ　101, 102
モジュラー・タクティカル・ベスト（MTV）　211, 218

## や行

輸血　98, 114, 115, 122, 123, 130, 131, 138, 139, 146, 147, 158, 159, 166, 167, 174, 181, 182, 184, 218

## ら行

ラスベガス・ストリップ銃乱射事件　169
リスク評価　44, 48, 83, 110, 117, 126, 134, 142, 148
連邦規則集　41
連邦緊急事態管理庁（FEMA）　57, 61, 79, 83, 217
連邦保安官局（USMS）　34, 220
連邦防護局　22, 34, 50, 217
連邦法執行訓練センター（FLETC）　57, 217
老人　76
ロー・エンフォースメント・オンライン　77
ロックダウン　18, 30, 43
ロンドン　100, 101, 127, 185

## わ

ワシントン海軍工廠　81

**編著者略歴**

**小川 和久**（おがわ かずひさ）

◇ 静岡県立大学特任教授　軍事アナリスト

1945年12月、熊本県生まれ。陸上自衛隊生徒教育隊・航空学校修了。同志社大学神学部中退。地方新聞記者、週刊誌記者などを経て、日本初の軍事アナリストとして独立。外交・安全保障・危機管理（防災、テロ対策、重要インフラ防護など）の分野で政府の政策立案に関わり、国家安全保障に関する官邸機能強化会議議員、総務省消防庁消防審議会委員、内閣官房危機管理研究会主査などを歴任。小渕内閣ではドクター・ヘリ実現に中心的役割を果たした。2012年4月から、静岡県立大学特任教授として静岡県の危機管理体制の改善に取り組んでいる。

◇主な著書

『危機管理の死角 狙われる企業、安全な企業』『危機と戦う——テロ・災害・戦争にどう立ち向かうか』『アメリカの対テロ部隊』『生物化学兵器』『日米同盟のリアリズム』『日本人が知らない集団的自衛権』ほか多数。

**西 恭之**（にし やすゆき）

◇ 静岡県立大学グローバル地域センター特任助教　専門は安全保障、国際政治学

1974年6月、兵庫県生まれ。スタンフォード大学卒、コロンビア大学政治学修士、衆議院議員秘書を経てシカゴ大学政治学博士。国際変動研究所主任研究員を経て2012年より現職。

共著『中国の戦争力』、共訳・解説『日中危機はなぜ起こるのか』。

---

**アメリカ式　銃撃テロ対策ハンドブック**
—アメリカ政府指針・マニュアル集—

| | |
|---|---|
| 編　著 | 小川 和久・西 恭之　©2019 |
| 発　行 | 平成31年3月28日（初　版第一刷） |

発行者　近　代　消　防　社
　　　　三 井 栄 志

**発行所**

# 近　代　消　防　社

〒105-0001　東京都港区虎ノ門2丁目9番16号
（日本消防会館内）

TEL　東京（03）3593-1401（代）
FAX　東京（03）3593-1420
URL　http://www.ff-inc.co.jp
E-mail　kinshou@ff-inc.co.jp
〈振替　00180-6-461　00180-5-1185〉

**印刷製本**

長野印刷商工株式会社

ISBN978-4-421-00927-9 C1031〈乱丁・落丁の場合はお取替え致します。〉